RAPPORT DES DÉLÉGUÉS

DE

L'UNION DES TISSEURS ET SIMILAIRES

DE LYON

A l'Exposition Universelle de Paris

EN 1889

LYON

ASSOCIATION TYPOGRAPHIQUE

Rue de la Barre. 12. — F. PLAN, directeur.

1890

RAPPORT DES DÉLÉGUÉS

DE

L'UNION DES TISSEURS ET SIMILAIRES

DE LYON

A l'Exposition Universelle de Paris de 1889.

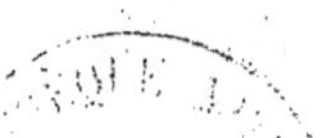

Citoyens,

Fidèles observateurs du mandat que vous nous aviez confié, nous venons aujourd'hui vous rendre compte de la façon dont nous l'avons accompli, et en même temps vous donner notre appréciation sur les étoffes exposées dans les magnifiques galeries de l'Exposition universelle, qui s'est ouverte à Paris le 5 mai 1889; toutefois, permettez-nous, avant d'entrer dans le compte rendu de notre délégation, de vous fournir quelques explications sur la marche que nous avons cru devoir suivre.

Désireux autant que possible de vous donner une idée exacte de ce qu'était l'Exposition universelle de 1889, au point de vue des soieries, nous avons cru utile, pour la clarté qui doit présider en cette circonstance, de scinder ce rapport en plusieurs parties dans lesquelles nous résumerons, suivant le sujet traité, les impressions que nous avons ressenties au fur et à mesure de nos visites dans l'Exposition.

Dans la première partie, nous occupant spécialement de la question professionnelle de notre mandat, nous comparerons, en observateurs impartiaux, les diverses étoffes exposées par les maisons étrangères, avec les produits similaires envoyés par les fabricants français en général et lyonnais en particulier.

Dans la deuxième partie, continuant notre étude technique et professionnelle, nous nous bornerons à décrire les différents métiers mécaniques actuellement en usage dans le tissage de la soierie et qui ont été envoyés à l'Exposition universelle de 1889, en même temps que nous signalerons les accessoires obligés du métier du tisseur qui étaient exposés.

Enfin, dans la troisième et dernière partie de ce rapport, nous résumerons nos observations dans des conclusions où nous essayerons d'en établir toute la valeur, quoique restant sur le terrain du tissage, puis, nous occupant ensuite de la deuxième partie du mandat que vous nous aviez confié, nous rechercherons les effets produits, au point de vue économique, par la transformation de l'outillage, sur le travail en général et l'ouvrier en particulier.

Nous espérons de cette façon pouvoir vous permettre de vous faire une idée assez claire de l'importance de l'Exposition, où vous nous aviez fait l'honneur de nous déléguer, et en même temps de nous suivre dans l'accomplissement de notre mandat.

Il ne nous reste plus maintenant, avant d'entrer dans la première partie de ce rapport, qu'à vous présenter quelques observations générales qui, nous croyons, auraient été déplacées dans toute autre partie de ce compte rendu; c'est ce que nous allons essayer de faire de suite, en formulant tout d'abord un regret que nous espérons n'être pas seuls à indiquer.

Aucune partie de la population française n'a autant fait pour l'Exposition que la masse innombrable des ouvriers et aucune fraction de la société n'en a si peu profité.

Nous qui avons été des mieux partagés, nous qui avons été admis à visiter l'Exposition, délégués par nos camarades de labeur en même temps que de misère, nous leur devions, dès le début de ce rapport, quelques lignes, et nous estimons qu'en agissant ainsi, nous ne faisons qu'accomplir une partie de notre devoir.

Pourquoi n'a-t-on pas, en raison des bénéfices que réalisait l'Exposition, augmenté le nombre des délégations ouvrières? Pourquoi n'a-t-on point fait à ceux qui, plus que tous autres, avaient été les créateurs des merveilles que nous avons admirées, une place plus grande parmi ceux qui étaient admis à les visiter? C'est ce que jamais nous ne nous sommes expliqués.

Est-ce que l'on craignait que les ouvriers qui y auraient été délégués ne puissent pas suffisamment tirer profit des améliorations apportées par les industriels étrangers dans la fabrication de certains produits sur lesquels ils nous font une si redoutable concurrence?

Nous ne croyons pas que ce soit ce côté mesquin qu'ont envisagé ceux à qui incombait la charge de faire les frais nécessaires à ces délégations ; mais alors, quels ont donc été les motifs qui ont fait qu'il en a été ainsi ?

C'est là une question sur laquelle nous n'insisterons pas plus longuement ; notre devoir nous faisait une obligation de présenter cette observation, non pas seulement au nom de notre corporation, mais encore au nom de tous les travailleurs français, qui, aujourd'hui après avoir travaillé sans relâche pour que l'Exposition ait une réussite complète, n'ont plus pour eux, avec la misère revenue au foyer, que le souvenir des magnifiques chefs-d'œuvres créés par leurs mains habiles.

Ils avaient été à la peine, on ne les a pas admis à l'honneur, ni au profit.

Reconnaissons toutefois, avant d'aller plus loin, que si il y a eu plus grand nombre de délégations ouvrières à l'Exposition universelle de 1889 qu'aux précédentes expositions, il s'en est fallu de beaucoup que ce nombre fût en rapport avec l'importance de la fête internationale du travail qu'a si bien menée à bout le gouvernement français.

Jamais, en effet, exposition n'avait réuni un aussi grand nombre d'exposants de tous pays ; jamais exposition n'avait, malgré les critiques qui l'ont suivies dès son début jusqu'à son éclatant triomphe, réuni semblables merveilles que celles qu'entassèrent à l'envi, pendant toute sa durée, les industriels de tout le monde entier.

Aussi, s'il nous fallait ici dans ce travail, qui malgré tous nos efforts ne sera jamais à la hauteur de la tâche que vous nous aviez confiée, décrire dans tous ses détails une seule partie de cette Exposition encore unique dans les fastes des nations, nous renoncerions par avance à ce rude labeur, sachant très bien que jamais nous n'arriverons à rendre dans leur infinie perfection les objets qui s'y trouvaient exposés.

Qu'il a fallu, de la part des ouvriers qui ont coopéré à un titre quelconque, à ce prodigieux assemblage de choses si diverses, produits d'une civilisation qui, il faut bien le reconnaître, est loin d'être parvenue à son apogée ; qu'il a fallu, disions-nous, de travail, d'habileté, de génie et de persévérance pour obtenir un pareil résultat, et cependant, lorsque nous arrachant à cette contemplation, nous songions aux misères et aux privations qu'endurent chaque jour cette masse si nombreuse et si travailleuse, qui constitue la population ouvrière française, nous nous demandions : pourquoi persiste, en dépit de tous les généreux efforts dépensés par des vaillants que n'arrêtaient ni les récriminations, ni les colères, cette monstrueuse inégalité qui fait que les uns ont beaucoup plus que du nécessaire, alors qu'un grand nombre d'autres manquent de tout ce qui est essentiel à leur entretien ?

Nous bornerons là les observations que nous désirions présenter dès le début de ce rapport, et qui certainement nous entraîneraient trop loin au delà du cadre que nous nous sommes tracés et nous reviendrons à ce qui a fait l'objet de notre délégation.

Imbus de connaissance et de pratique en matière de tissage, nous allons successivement décrire et comparer les diverses étoffes exposées, nous examinerons les perfectionnements apportés dans l'outillage mécanique, nous mettrons côte à côte les produits du tissage à la main et ceux du tissage mécanique, et observateurs impartiaux, nous en étudierons les qualités et les défauts.

Nous donnerons ici nos impressions en visiteurs qui, connaissant plus spécialement telle ou telle partie des produits exposés, se sont plus particulièrement attachés à leur examen, et, si quelquefois nos remarques paraissent quelque peu dures, c'est que ne cherchant pas des phrases, nous avons tenu à rendre complètement notre pensée ; malgré cela, nous déclarons, en toutes occasions, avoir agi sincèrement, sans parti pris, et le seul intérêt, qui toujours nous a servi de guide, n'a été que le souci de voir conserver le bon renom de notre industrie lyonnaise, renom que l'Exposition universelle de 1889 a consacré une fois de plus.

Cela dit, nous terminerons ici le préambule que nous voulions mettre en tête de ce rapport, et entrant carrément dans le but de notre délégation, nous allons énumérer d'une façon courte, mais aussi claire que possible, les étoffes exposées par les fabricants des diverses nations qui ont pris part à l'Exposition.

———

PREMIÈRE PARTIE

———

Soieries françaises.

Autrefois, on pouvait classer les négociants en soieries de France ou de l'étranger par leurs spécialités. Aujourd'hui, cela n'est pluspossible car tous traitent les articles les plus variés ; c'est dans toutes les vitrines un amoncellement d'étoffes aux nuances diverses, armures, satin, unis, velours unis et façonnés, damas, articles de confection, etc., etc. ; il y a cependant une légère exception, c'est pour les articles d'ameublements et d'ornements d'église.

Aussi, pour ne pas nous répéter trop souvent, ne donnerons-nous ici que d'une façon très sommaire la nomenclature des étoffes exposées, ce qui sera d'ailleurs beaucoup moins long, et ne mentionnerons-nous dans des descriptions spéciales que les étoffes qui, au-dessus de l'ordinaire, attiraient le mieux, soit par le fini de l'exécution, soit par le dessin ou la disposition des nuances délicates, l'attention des visiteuses ou visiteurs.

De même que nous ne ferons pas une classification des négociants exposants, ayant noté au hasard de nos visites, dans les galeries de la classe affectée aux soies et soieries, les noms des exposants, nous ne pouvons, sans craindre de nous tromper, donner à chacun la place qui lui revient.

A tout seigneur, tout honneur, dit le proverbe, aussi commencerons-nous notre monographie par les maisons exposantes de :

LYON

Lamy et Giraud. — Ce sont les premières étoffes que nous trouvons en entrant, non pas dans la galerie spéciale organisée par la Chambre de commerce de Lyon, mais dans la grande galerie centrale de l'Exposition.

La vitrine de cette maison, ainsi que nous venons de le dire, est située dans la galerie d'honneur et contient un assortiment d'étoffes au-dessus de toutes critiques; signalons particulièrement un superbe médaillon en velours ciselé à quatre corps, un cinquième faisant dentelle autour du velours et rehaussant ainsi l'éclat de cette étoffe, sans contredit une des plus belles au point de vue du dessin comme de la fabrication; nous oubliions de signaler que ce velours est sur un fond reps, ajoutant un attrait de plus à cette magnifique production de notre fabrique lyonnaise.

La maison Lamy et Giraud a aussi exposé des soieries de haute nouveauté pour robes et ameublements; toutes sont très bien réussies.

Schulz, Gourdon et Cⁱᵉ. — La vitrine de cette maison est contiguë à celle de la maison Lamy et Giraud; nous y remarquons une étoffe lancée or et argent et brochée d'une infinité de nuances, c'est là un travail très remarquable et très délicat, soit pour la fabrication, soit pour l'assemblage et le rapport des nuances.

A signaler aussi dans cette vitrine des nouveautés pour robes d'un excellent effet ainsi que quelques unis irréprochables à tous les points de vue.

Les vitrines des maisons citées ci-dessus sont le succès de

l'exposition des soieries lyonnaises; tout y est bien ordonné, l'arrangement est parfait et dans l'ensemble rien ne choque la vue du visiteur émerveillé.

J. Béraud et Cⁱᵉ. — Des soieries haute nouveauté, façonnés ou unis pour robes et confections, tels sont les principaux produits exposés par cette maison, qui a envoyé de très jolies étoffes, parfaites comme exécution et coloris.

Il en est d'ailleurs de même dans presque toutes les étoffes lyonnaises, toutes sont supérieures à ce qui se tisse d'ordinaire; dans toutes les vitrines, on ne rencontre aucune étoffe choquante, les couleurs sont très bien disposées et la qualité nous paraît être supérieure même dans les articles bon marché; aussi, pour ne pas nous étendre trop longuement, ne ferons-nous que des notes spéciales sur les fabricants de Lyon, où, sans nous arrêter à des descriptions particulières, nous examinerons par ensemble les étoffes exposées.

Les petits-fils de C.-J. Bonnet et Cⁱᵉ. — Cette maison conserve en cette occasion sa supériorité sur les étoffes unies, noires ou couleurs.

Atuyer, Bianchini et Férier. — Soieries unies et hautes nouveautés, toutes de très bon goût.

Bérard et Ferrand. — Soieries façonnées très belles, grands dessins, coloris délicats, mais malgré cela, le tout est parfaitement réussi; cette maison a aussi exposé des soieries unies, des velours façonnés, différents articles pour robes et confections.

Bresson, Agnès. — Cette maison expose dans sa vitrine des soieries haute nouveauté, et des étoffes pour ameublements qui toutes sont très belles à tous les points de vue.

Léon et Adrien Émery. — Étoffes pour ameublements et voitures, articles du Levant, nouveautés pour robes et ornements d'église; très remarquées sont dans cette vitrine les reproductions d'étoffes anciennes.

J.-A. Henry. — Cette vitrine est la plus belle comme tissus or ou argent. A signaler tout particulièrement dans les produits exposés par cette maison, un livre d'heures de Lyon, tissé et orné de figurines brochées; c'est là le plus beau spécimen du tissage artistique que nous avons vu à l'Exposition. Citons encore des chasubles d'un travail très délicat, des velours soie, schappe et lin pour ameublements.

Étienne Charbin. — Soieries unies et armures, velours et peluches en soie noir et couleurs, crêpe de Chine, velours pour confections; la plupart des velours ou peluches exposés par cette maison sont tissés à deux pièces, cependant très bien réussis, ils sont loin de supporter la concurrence avec des mêmes étoffes tissées à une pièce; signalons quelques peluches aux couleurs très tendres.

Champagne, Range et Vernay. — Rien de particulier dans cette vitrine, où il y a cependant un assez joli assortiment d'étoffes unies ou façonnées, en noir et couleurs.

A.-L. Trapadoux frères et Cie. — Cette maison a surtout exposé des étoffes légères, telles que : foulards, teints en pièces pour robes, cravates, doublures, etc., nouveautés pour l'Orient et les Indes, articles gaufrés ou imprimés en tous genres ; presque toutes ces soieries sont du bon marché ; elles ne sont ni de haute nouveauté, ni recherchées comme dessins ou coloris ; malgré cela, elles font un assez joli effet.

Audibert et Cie. — Soieries unies et façonnées, armures et nouveautés, velours unis noir et couleur ; ces dernières étoffes sont certainement ce qu'il y a de meilleur dans cette vitrine.

Malleval, Masson et Cie. — Ce qui attire le plus le regard dans cette vitrine, est une superbe collection de gilets façonnés très bien réussis ; signalons aussi les gazes et les crêpes de Chine, les soieries pour doublures, quelques nouveautés pour robes et des grenadines qu complètent les produits envoyés par cette maison.

Tresca frères, Sicard et Cie.— Les soieries unies exposées par cette maison, vont de pair avec celles de la maison les petits-fils de C.-J. Bonnet ; dans les articles façonnés ou de haute nouveauté, il n'en est pas de même, tout en étant bien traités.

Bardon, Ritton et Mayen. — Il y a dans cette vitrine de très belles étoffes unies, qui ne le cèdent en rien aux produits de la maison précédente ; les velours unis, soie noire ou couleur, les nouveautés pour robes, ne laissent guère à désirer.

Araud neveu et C. Eyraud. — Cette maison ne traite que l'article parapluies ou ombrelles ; les étoffes qu'elle a exposées dans ce genre de tissus sont toutes supérieurement exécutées ; nous ne pouvons oublier la façon dont cette vitrine était heureusement disposée ; elle représentait un ombré allant de la couleur la plus vive à la plus tendre, de la plus sombre à la plus claire.

Gustelle et Ponson. — Étoffes riches, nouveautés, unis, armures et velours, poult de soie, moires, bengalines, satins duchesse, etc.

Ce qui prédominait dans cette vitrine, est certainement l'article armure en tous genres.

Bouvard et Mathevon fils. — Les soieries pour ameublements exposées par cette maison sont très bien réussies et ne laissent rien à désirer ; il en est de même des tissus or ou argent et des articles façonnés pour robes ; il y a aussi de très jolis brochés et des velours soie irréprochables.

Ducoté, Caquet-Vauzelle et Cote. — Soieries unies et façonnées, noires et couleurs ; assortiment très complet et très beau d'armures en tous genres, telles que : veloutine soie, peau de soie, tonkinoise, faille désirée, cuir et drap royal, faille et moire royale.

Devaux et Bachelard. — La vitrine de cette maison contient de très jolies étoffes haute nouveauté, ainsi que des velours pour robes et confections et des armures.

Chatel et V. Tassinari. — Une des plus belles vitrines de la section lyonnaise ; nous y remarquons des étoffes pour ameublements ne laissant rien à désirer ; les dessins en sont très beaux, les nuances y sont bien assorties et la fabrication en est excellente. Les nouveautés pour robes et les ornements d'église qu'exposent cette maison, sont de même que les précédentes étoffes.

Brunet, Lecomte, Moïse et Cie. — A signaler dans les produits exposés par cette maison de très belles étoffes imprimées ; quelques soieries unies ou façonnées pour robes, des crêpes de Chine ; des peluches et des velours complètent cette vitrine.

Léon Permezel et Cie. — Rien de particulier dans cette vitrine, ne contenant que des étoffes légères, pour la plupart produites mécaniquement ; ce sont ces soieries qui constituent l'article bon marché, exporté principalement dans l'Orient et les Indes.

Poncet père et fils. — Très joli assortiment d'étoffes unies ou armures, quelques quadrillés et pékins assez bien réussis ; il en est de même des façonnés ou des articles haute nouveauté que cette maison a exposés.

Tapissier frères. — Cette maison expose une très jolie collection de rubans en tous genres, qui, avec des crêpons, des petites nouveautés pour modes et quelques gazes, complètent l'assortiment de cette vitrine.

GUIGOU. — Nous ne signalerons de cette maison que des armures irréprochables de fabrication et d'assez jolis velours unis.

E. BONNETAIN, BAYLE et Cⁱᵉ. — Nous remarquons dans cette vitrine des ceintures aux couleurs très délicates et très bien réussies ; les écharpes et les quelques nouveautés pour robes envoyées par cette maison, tout en ne sortant guère de l'ordinaire, sont assez bien faites.

THOMASSET, CAPONY et GERIN. — Il n'y a dans la vitrine de cette maison qu'une assez jolie collection d'armures, des lustrines et quelques étoffes pour doublures.

GAUTHIER, BELLON et Cⁱᵉ. — Cette maison n'a exposé que des velours unis en tous genres, noirs ou couleurs; toutes ces étoffes sont bien traitées et ne laissent rien à désirer.

A. GOURD et Cⁱᵉ. — Comme une des maisons citées précédemment, il n'y a dans les produits exposés dans cette vitrine que des articles légers tissés mécaniquement; ils sont loin d'avoir l'éclat des soieries tissées à la main.

CLAYETTE et MANTELIER jeune. — Cette maison n'a guère envoyé que du velours uni ; nous ne dirons rien de ceux tissés mécaniquement ou à deux pièces, car ils sont loin d'avoir l'ampleur que nous constatons sur ceux tissés à la main et à une pièce. Des rubans et ceintures complètent cette vitrine.

GINDRE et Cⁱᵉ. — Dans les produits exposés par cette maison, il y a à signaler les satins, qui, tout en étant produits mécaniquement, sont cependant d'un joli effet.

DURAND frères. — Sauf les crêpes de Chine qui se trouvent dans cette vitrine, les autres étoffes exposées ne sortent pas de l'ordinaire ; elles sont pour la plupart tissées mécaniquement.

A. MONTESSUY et A. CHOMER. — Très complet assortiment de crêpes de Chine brochés ou unis, quelques mousselines, presque tout produit mécaniquement.

J.-M. PIOTET et J. ROQUES. — Vitrine assez jolie contenant des étoffes pour robes et ameublements.

BROSSET, HECKEL et Cⁱᵉ. — Signalons une très belle collection de satins en tous genres; les nuances sont pour la plupart assez délicates.

Francisque VOLAND. — Tissus gaufrés, tissus gaufrés et imprimés ; ces étoffes font un assez joli effet ; elles imitent les tissus à la Jacquard, mais sont loin de supporter la concurrence ; c'est encore là de l'article bon marché.

ÉCOLE MUNICIPALE DE TISSAGE. — L'École municipale de tissage s'est souvenue que les soieries lyonnaises sont avant tout des œuvres d'art ; elle expose des portraits tissés ; celui de Jacquard et celui du Président de la République française, M. Carnot, méritent une mention toute spéciale ; ce sont là de très curieux spécimens de ce que l'on peut obtenir avec de la soie.

Notons aussi dans cette vitrine, et ce n'est pas là le moins remarquable de la galerie lyonnaise, un magnifique tableau d'au moins 2 mètres carrés, dans lequel chaque armure, s'appliquant au tissage des étoffes de soie, est indiquée en théorie et en pratique.

C'est là un tissu artistique dont l'honneur revient aux ouvriers qui y ont collaboré.

MARQUE MUNICIPALE DES SOIERIES LYONNAISES. — Cette vitrine, assez remarquée, ne contient rien de curieux comme tissus ; les échantillons qui s'y trouvent servent surtout à indiquer de quelle façon cette marque destinée à protéger nos tissus lyonnais contre les tissus de provenance étrangère sera appliquée.

Nous dirons, dans une autre partie de ce rapport, ce que nous pensons de cette institution.

Les maisons DOGNIN et Cⁱᵉ, LAVAL et TRONEL, MARION aîné et fils, ont exposé des tulles de toutes façons ; ne pouvant suffisamment juger ces produits, n'ayant pas la compétence nécessaire, nous les signalons au passage comme étant assez regardés par les visiteurs.

Quittons maintenant la galerie lyonnaise et poursuivant notre visite à travers l'exposition des soies et soieries, signalons comme vitrines contenant des étoffes françaises celles des maisons :

J.-B. MARTIN, de Tarare (Rhône), qui expose un assortiment très complet de velours et peluches en toutes couleurs au fer ou mécaniques ; rien de bien particulier dans ces étoffes, assez bien réussies.

LAPLACE, de Chambéry. — Rien à dire de cette vitrine ne contenant que des articles légers, comme gaze ou foulards ; presque tous ont été tissés mécaniquement.

SAINT-ÉTIENNE

Comme pour Lyon, l'exposition des fabricants de soieries de la ville de Saint-Étienne a été organisée collectivement par la Chambre de commerce de cette ville.

Si Lyon a su conserver sa suprématie pour les étoffes de soie pure et de haute nouveauté, les fabricants de Saint-Étienne ont su montrer que pour les rubans ils étaient sans rivaux.

Trente-trois négociants de Saint-Étienne ont exposé des produits qui peuvent supporter sans crainte toute concurrence, c'est à la fois élégant, soyeux et bien travaillé ; en un mot rien ne laisse à désirer dans tout ce qui constitue l'industrie stéphanoise.

Nous allons ici citer les noms de ceux dont les vitrines bien disposées attiraient plus particulièrement l'attention des visiteurs, soit pour la diversité des articles, soit pour le bon goût qui avait présidé à leur fabrication.

Giron Frères. — Rubans velours, rubans, velours, peluches, soieries noires et couleurs unies et façonnées ; les rubans que cette maison a exposés sont tous très beaux et bien réussis, il en est de même de ses rubans velours ; nous ne dirons rien des soieries, toutes étant très légères et produites mécaniquement.

Marcoux et Chateauneuf. — Signalons tout spécialement dans cette vitrine des rubans façonnés très jolis et dont les nuances ont été très bien assorties.

Des ceintures, des rubans unis, quelques galons complètent les soieries exposées par cette maison.

Charles Rebours. — Cette maison, qui a exposé une très jolie collection de rubans de toutes nuances et de toutes façons, conserve en cette occasion sa réputation.

Augustin Sarda. — Dans cette vitrine, nous devons une mention toute particulière aux rubans brochés exposés ; les rubans unis et façonnés qui s'y trouvent ne le cèdent en rien aux précédents comme fabrication et comme fini.

Vallat et Deville. — Rubans unis et velours, tous très bien exécutés.

Balay et Varagnat. — Cette maison a dans sa vitrine des rubans façonnés d'une haute nouveauté qui, comme les produits des maisons citées, sont irréprochables à tous les points de vue ; d'ailleurs les fabricants de Saint-Étienne, comme ceux de Lyon, se sont tous surpassés ; dans toutes les étoffes exposées : uni, façonné, rubans, velours, passementerie, tout est parfait, élégant, de bon goût; les dessins sont tous très beaux, les nuances bien mélangées et les armures très finement tissées.

En cette occasion, comme en tant d'autres, les collaborateurs indispensables du fabricant se sont tenus à la hauteur des circonstances et jamais pareille agglomération de tissus merveilleux n'avait été faite.

La supériorité depuis longtemps prouvée de la France, dans tout ce touche à l'industrie de la soie, s'est affirmée d'une façon éclatante à l'Exposition universelle de 1889.

L'on peut, sans craindre d'être dans l'erreur, proclamer hautement que Lyon pour les étoffes riches, et Saint-Étienne pour les rubans, conserveront longtemps encore leur renommée consacrée depuis des siècles.

Citons encore parmi les fabricants de Saint-Étienne qui ont exposé, les maisons BARALLON pour ses ceintures Régence, BOUDAREL Fils et CHAVANON, CHOREL-ESCORBIA, DÉCOT, TORISSIER Aîné, Antoine GAUTHIER, pour leurs rubans unis et façonnés, DUNÈS pour ses passementeries, galons et marabouts, FOREST et Cie pour ses rubans velours ainsi que ses peluches et velours tissés mécaniquement, et NEYRET Frères pour ses rubans ainsi que ses décorations et vignettes tissées.

PARIS

Les fabricants de Paris ont exposé en très petit nombre ; citons cependant la maison DELAUNAY et PINGAULT qui a exposé des gazes très légères, des châles assez bien conditionnés et quelques articles légers en soieries unies.

Une très jolie collection de peluches pour chapeaux se trouve dans la vitrine de la maison HUBER et Cie, qui expose aussi des velours pour modes assez bien réussis.

La maison MASSING Frères a exposé des velours et peluches : l'on ne peut pas dire grand'chose de ces articles qui, assez légers, sont surtout pour la mode.

Le tissage est peu répandu à Paris : les produits exposés par les fabricants de cette ville ne sortent pas de l'ordinaire, aussi ne peuvent-ils être mis en comparaison avec les tissus exposés par les maisons de Lyon et de Saint-Étienne.

En résumé, la France où le tissage de la soie s'est considérablement développé dans plusieurs villes, notamment Lyon, Saint-Étienne, Paris, Tours, Roubaix, etc., etc., et dans toute la région lyonnaise, a exposé de très belles étoffes démontrant que dans notre pays nous avons su acquérir une grande perfection dans cette industrie foncièrement française et qu'elle est encore une de celles où nous avons su le mieux conserver notre supériorité.

Les nations étrangères, dont nous allons analyser les produits, ne peuvent, sauf la Russie, lutter avec nous sur le terrain des étoffes riches et de haute nouveauté qui demandent de la part de l'ouvrier une expérience ne pouvant s'acquérir que par une longue pratique; la concurrence entre étoffes françaises et étoffes étrangères ne se produit que sur les étoffes mélangées, de qualité inférieure et qui tendent la plupart à être tissées mécaniquement.

Soieries étrangères.

BELGIQUE

La Belgique possède très peu de métiers à tisser la soie, malgré cela quelques fabricants de ce pays ont exposé des articles très légers, pour la plupart mélangés de laine ou de coton.

La maison Seeuws et Vanlandeghem a dans sa vitrine des taffetas et satins noirs, pas de couleurs; ce qui semble prouver que la teinture belge est loin d'égaler celle de Lyon ou celle de Saint-Étienne.

Les maisons Lagrange-Peeters et Lagrange Frères ont envoyé des tissus mélangés qui sont loin de rivaliser avec les produits similaires exposés par les fabricants lyonnais.

Signalons encore la vitrine de la maison Smits et celle de la maison Thiry, qui ont envoyés des soieries unies très légères n'ayant pas l'éclat, ni la finesse des étoffes françaises.

La Belgique, dont la principale industrie est le tissage du coton, n'a des métiers de soieries que dans les environs des villes de Deinze et de Kerxken.

Ce ne sont pas les fabricants de ce pays qui peuvent nous être redoutables au point de vue de la concurrence.

ÉTATS-UNIS

Une seule maison des États-Unis, la maison Grant, de Paterson, ville où se trouve le centre principal du tissage américain, a exposé.

Dans sa vitrine, nous remarquons une importante collection d'étoffes façonnées et unies aux nuances diverses ; ce sont surtout des petits articles légers produits mécaniquement.

Nous ne pouvons certainement pas juger du tissage de ce pays sur les produits exposés par cette maison.

Cette nation qui, il y a quelques années, était un des principaux débouchés du tissage lyonnais, a cessé, depuis l'établissement de droits protecteurs assez élevés, de se fournir en France, excepté pour les articles riches, il est donc de toute évidence que pour tous les autres genres d'étoffes, ce pays où le tissage a pris une assez grande extension est arrivée à se suffire. Si l'on tient compte du nombre relativement élevé de tisseurs lyonnais qui ont émigré aux États-Unis, il est facile de se rendre compte qu'avec le développement mécanique de l'industrie, ce pays a su arriver à tisser les étoffes de soie pure ou mélangée, très légères, d'une façon à peu près aussi parfaite que les étoffes françaises de même qualité, ou tout au moins leur donner assez de cachet pour qu'elle soient livrées à la consommation.

GRÈCE

Un grand nombre de fabricants de ce pays ont exposé des tissus de soie pour la plupart exempts de tout mélange.

Nous citons au hasard dans la galerie grecque les vitrines des maisons Alexandropoulo, Asteri, Coutsi, Dracoulaco, Frangouli, Papadojeani, Vacalopoulo, etc., qui ont envoyé divers genres d'articles brodés d'or ou d'argent; tous semblent bien réussis malgré leur légèreté.

Le grand nombre d'exposants de ce pays semble faire croire que le tissage de la soie y est assez répandu ; jusqu'à présent tout prouvait que la Grèce était beaucoup plus consommatrice que productrice des étoffes.

Nous n'avons pu nous procurer des renseignements à ce sujet ; nous le regrettons, car cela nous eût permis d'avoir une idée exacte de la production des étoffes de soie dans ce pays.

ITALIE

L'Italie a su conserver sa réputation pour les soies grèges, organsins, trames ou filés ; elle essaye de la maintenir sur certaines étoffes de soie.

La maison Bosio a exposé de très belles couvertures en bourre de soie.

La maison Massa a dans sa vitrine de superbes écharpes irréprochables à tous les points de vue ; les mêmes articles aussi bien exécutés se trouvent dans les étoffes exposées par la maison Nolfi, qui a aussi envoyé d'assez jolies couvertures façonnées en bourre de soie.

Signalons encore les maisons Miccio, de Sorrente, et de Alteris, de Naples.

Une superbe collection d'échantillons de tous genres représentant les articles les plus variés, contenue dans quatre grands albums, a été envoyée par la Chambre de commerce de Côme.

Tous les produits du tissage italien y sont représentés, et le peu que nous en avons vu nous a démontré surabondamment que s'ils ne peuvent égaler nos soieries lyonnaises, ils sont certainement dans une voie de progression.

Nos voisins d'au delà des Alpes ont fait de sérieux progrès, et tout nous fait prévoir que dans un avenir plus ou moins éloigné, ils auront su reconquérir le terrain perdu lorsque l'industrie du tissage de la soie, transportée de Venise, Florence et autres villes fut établie à Lyon.

Il y a là un sérieux enseignement à tirer pour tous ceux à qui profite l'industrie lyonnaise.

Notons en terminant que le tissage italien est aujourd'hui répandu dans nombre de villes, telles que: Côme, Naples, Rome, Turin, Gênes, Sorrente, Milan, Florence, etc.

PORTUGAL

Peu de maisons de Portugal ont exposé ; citons cependant la maison Costa, dans la vitrine de laquelle nous remarquons des articles légers, foulards et armures quadrillées.

Les mêmes étoffes sont exposées par la maison Ramirès, qui a aussi envoyé quelques petits façonnés.

Ces différents articles sont assez bien réussis, et les nuances quoique un peu vives n'en sont pas moins assorties avec goût.

Le Portugal ne tisse ou tout au moins n'a exposé que des étoffes étant chez lui l'objet d'une consommation courante.

Le tissage portugais est presque tout concentré à Porto et dans les environs ; il existe même dans cette ville une association ouvrière de tisseurs ; nous ne savons les résultats obtenus par cette société.

GRANDE-BRETAGNE

La section des tissus de la Grande-Bretagne a une assez grande importance ; elle est composée des produits de la métropole et de ceux des colonies.

Nous citons parmi les fabricants d'Angleterre qui ont exposé les maisons suivantes :

BRIGHT et BROS, qui dans sa vitrine a de superbes peluches soie imitant très bien le loutre et le castor.

GROUT et Cie a exposé des crêpes en soie noire ou couleurs ; tout en étant bien moins traités que les produits similaires de notre fabrique lyonnaise, ils ont cependant un très joli cachet de bon goût.

NORWICH, CRAPE et Cie a des crêpes en soie noire qui ne le cèdent en rien à ceux de la maison ci-dessus désignée.

NICHOLSON a envoyé de très jolies étoffes façonnées, des foulards, des petits damassés, quelques brochés assez bien réussis et dont les nuances s'harmonisent très bien.

La plus belle vitrine de la section anglaise est sans contredit celle de la maison DEBENHAM et FREEBODY où nous remarquons des articles pour robes et confections qui sont très bien fabriquées ; cette maison a en outre envoyé diverses collections d'étoffes en tous genres, toutes sont de bon goût et bien tissées.

Signalons encore les maisons LEWIS et ALLENBY pour son exposition de soieries unies ; NIELSON, SHAW et MAC-GREGOR, pour ses articles confections et ses couvertures ; SALT et SONS pour ses peluches imitation de loutre.

Quelques maisons de Bombay ont envoyé les produits de cette colonie, la plus importante des possessions anglaises.

La maison BHUMGARA, FRAMI et PESTONJU a exposé d'assez jolies étoffes de soie pure ; il en est de même de celles envoyées par la maison SUSMODIN.

Ce que nous pouvons d'ores et déjà constater, c'est que dans toutes les nations où les étoffes de soie sont une branche assez importante du commerce, on cherche à produire suffisamment, souvent à meilleur marché, à seule fin de pouvoir se passer des autres puissances qui y exportaient leurs produits ; partout il y a progression dans la production des soieries pures et mélangées, et nous ne sachions pas que le nombre des consommateurs ait augmenté en raison de cette surproduction, et partout aussi on cherche à arriver sinon à surpasser, au moins à égaler ses voisins, de façon à obtenir une place sur le marché commercial.

La Grande-Bretagne a aujourd'hui acquis une excellente renommée pour les peluches soie imitant le loutre et le castor, et ses étoffes crêpes ou façonnées démontrent déjà un grand progrès accompli sur ce qu'avaient envoyé les fabricants anglais aux expositions précédentes.

Signalons en terminant que presque toutes les étoffes exposées sont très légères et que la plus grande partie en est produite mécaniquement.

ESPAGNE

L'Espagne n'a pas envoyé beaucoup de ses produits à l'Exposition ; cependant le peu de fabricants qui ont exposé y font assez bonne figure.

La maison BONNELLE Frères a envoyé des étoffes façonnées d'un très joli effet : les nuances en sont bien assorties ; il y a aussi dans cette vitrine quelques quadrillés assez bien réussis.

Les produits exposés par les maisons FABREGAS et SARD sont absolument les mêmes que ceux signalés ci-dessus ; comme ceux-là ils sont irréprochables de fabrication et de coloris.

Citons encore les velours coton de la maison PARELLADA et Cie. Ces velours sont loin d'avoir l'éclat des velours lyonnais schappe ; mais malgré cela, comme tissus bon marché, ils font assez bon effet, étant très bien fabriqués ; ces velours ont été certainement produits mécaniquement, comme le sont du reste la majeure partie des étoffes contenues dans les vitrines des fabricants espagnols.

Le tissage espagnol est surtout centralisé dans la ville de Barcelone, où depuis quelques années il s'est considérablement développé.

Les tisseurs espagnols sont groupés en une association corporative qui en a réuni la plus grande partie.

JAPON

Le Japon a principalement dans les vitrines de sa galerie des quantités de soie grège ; cependant quelques fabricants de ce pays ont envoyé des étoffes de soie pure.

Les soieries exposées sont en général toutes fort bien faites ; les unis ou armures ne laissent rien à désirer ; pour quant aux articles faconnés, dont la principale difficulté est certainement le dessin, ils laissent peu à dire ; les nuances sont fort belles et assez bien disposées, ce qui dénote, en même temps que progresse le tissage, le développement de la teinture ; les progrès déjà réalisés ne s'arrêteront pas là.

La maison Hirota a exposé divers tissus de soie dont les coloris sont loin d'être criards et dont la fabrication est très bonne ; c'est la même note dans les produits exposés par la maison Jchii et dans ceux des autres maisons.

La maison Jida a envoyé une étoffe façonnée appelée shuchin-ori, qui se rapproche beaucoup de nos petits damas lyonnais.

La maison Kimura expose des crêpes de Chine très bien réussis, et sans être aussi finement parfaits que ceux exposés par diverses maisons lyonnaises, ils peuvent lutter sur le marché commercial avec ces derniers.

Signalons encore les châles soie exposés par la maison Iwamoto, les étoffes de soie pour mouchoirs de la maison Taneduma, les étoffes pour parapluie de la maison Watanabe.

Les étoffes de soie pour mouchoirs, en satin pour la plupart, exposées par la maison Yasuda sont très belles et mieux faites que celles envoyées par d'autres maisons.

Terminons l'énumération des produits exposés par les fabricants japonais en signalant spécialement la maison Yokoyama, ayant dans sa vitrine des satins noirs aussi bien exécutés que les satins produits mécaniquement qu'ont cru devoir envoyer diverses maisons de Lyon.

Les étoffes exposées par les maisons du Japon montrent que nous avons dans ce petit pays si industriel un concurrrent sérieux avec lequel nous aurons peut-être à lutter un jour.

Il faut tenir compte d'ailleurs, et cela justifie en partie notre appréciation, que peu de nations apportent autant d'activité à se perfectionner

chaque jour dans l'industrie du tissage de la soie comme le fait le
Japon ; toutes les années, nombre de jeunes gens de ce pays parcourent
les villes où le tissage est le plus répandu, viennent à Lyon surtout,
étudier sur place les différents modes de fabrication, se pénétrant
chaque instant davantage des mille difficultés inhérentes à cette partie
de notre industrie nationale ; ces jeunes gens, rentrés dans leur nation,
font profiter leurs compatriotes de tout ce qu'ils ont vu ou appris, et
successivement les initient aux améliorations que petit à petit nous
avons apportées dans le tissage de la soie.

Par ce moyen, que nous voudrions voir employer en France, le tissage japonais a aujourd'hui fait de sérieux progrès et même surpassé
des nations où le tissage était depuis longtemps répandu, et l'on peut
déjà reconnaître que dans un avenir peu éloigné il sera devenu une
des branches principales du commerce extérieur japonais.

ROUMANIE

Un grand nombre de maisons de ce pays ont exposé des articles
divers en soie pure qui presque tous sont brodés d'or ou d'argent employés en filets ou en paillettes.

Les maisons BADESCU, STANILESCU, MARINESCO, GULIE, etc., ont
envoyé des voiles en soie, garnis et brodés de fils d'or, qui tous sont
très beaux ; des rideaux en soie ornés de fleurs or, argent ou laine
sont exposés par les maisons MIHAILESCO, BANESCU, etc.; des mouchoirs en soie, rayés ou brodés, se trouvent dans les vitrines des maisons DONICI, BAIGANOU, etc.; les maisons POPA, DRAGU, DIMITRESCA,
ROTARU ont envoyé des serviettes en soie pure ou mélangées de
coton, brodées de la même façon et avec les mêmes matières que les
étoffes signalées plus haut ; presque toutes les couleurs employées
sont vives et même criardes.

Citons encore le bazar de la SOCIÉTÉ FURNICA, qui expose des tissus
en tous genres et plus spécialement des rideaux, serviettes, voiles,
costumes de paysans, tapis, etc.

L'observation que nous avons faite en parlant de la Grèce se répète
pour la Roumanie.

Ces différentes nations, qui exposent divers genres d'étoffes, n'ont
jusqu'à présent donné aucun signe apparent de leur vitalité comme
producteurs de soieries, et pour nous, nous penchons à croire que
ce sont là des étoffes spéciales, comme il s'en fait tant en France,
en Allemagne, en Russie, en Italie, etc., étoffes exportées et sur

lesquelles l'industrie locale a brodé des dessins ou des fleurs en or ou en argent.

La justesse de notre observation est prouvée par ce fait que les vitrines des galeries grecques ou roumaines ont toutes été organisées par des femmes, sauf de rares exceptions et chacun sait que la broderie est surtout un travail dont la femme s'occupe en tous pays.

Signalons encore ce fait que, parmi les exposants, nous trouvons des couvents comme en Roumanie et des ouvroirs comme en Grèce.

SERBIE

Les mêmes produits exposés par les maisons roumaines ont été envoyées par les maisons serbes, et les particularités que nous relevions dans les galeries de la Grèce et de la Roumanie se retrouvent dans les étoffes exposées par les fabricants de Serbie.

Malgré cela, nous signalerons les vitrines des maisons, pour la plupart de femmes, DRACHKOZIA, STÈRIÈVITCH, MARKITCH, JIVKOVITCH, etc., où nous remarquons des soieries pures, très élégantes, quoi. qu'elles soient surchargées de broderies.

Citons encore une très jolie nappe soie et coton, que nous trouvons dans la vitrine organisée par le Ministère de l'Agriculture, du Commerce et de l'Industrie.

ÉGYPTE

Trois maisons de Beyrouth et de Damas exposent les produits égyptiens ; ce sont presque toutes des étoffes mélangées soie et coton, la plupart damassées ; sont d'un assez bel effet.

Elles sont exposées par les maisons BOULAD et C^{le}, de Beyrouth, GHANAGÉ et BEDAOUI, de Damas, et YANSONNI, JABALÉ et C^{le}, de Damas.

Ce ne sont pas là des soieries qui peuvent supporter une concurrence quelle qu'elle soit avec les produits similaires exposés par des maisons lyonnaises ; ces tissus, tous brodés, ont des tons criards qui conviennent très bien aux mœurs et habitudes des populations du Levant, de l'Égypte, etc.

CHINE

Peu d'étoffes ont été exposées par les fabricants de ce pays ; seules, deux maisons, dont l'une est établie à Paris (maison LI-SEN-LI et Cte), ont envoyé à l'exposition les produits du tissage chinois.

Ce sont des étoffes unies, se rapprochant beaucoup de celles exposées par les maisons japonaises, mais n'en ayant ni la finesse, ni la perfection.

Ce pays est surtout producteur de la soie et très peu de ses habitants s'occupent de la tisser ; ce ne sera jamais un concurrent bien redoutable pour la fabrique lyonnaise.

RÉPUBLIQUES SUD-AMÉRICAINES

Dans les produits exposés par la république Argentine, nous remarquons un poncho, espèce de manteau en soie pure, d'un assez bon effet.

Comme toutes les républiques de l'Amérique du Sud, ce pays continuera pendant encore longtemps à se servir sur le continent européen pour tout ce qui touche à la soierie.

Le Guatémala, le Salvador et l'Uruguay ont aussi envoyé, les uns des échantillons de soie, provenant soit du ver à soie, soit de plantes textiles, les autres des tissus qui ne sont en rien comparables à nos étoffes.

SUISSE

C'est le premier concurrent redoutable rencontré et ce n'est que sur les articles légers produits mécaniquement.

Les étoffes exposées par les maisons suisses sont absolument pareilles aux étoffes allemandes, qui chaque jour innondent le marché commercial en se vendant à un bon marché extraordinaire ; cela s'explique assez naturellement, si l'on veut tenir compte que le tissage suisse est principalement situé à Zurich et dans la Suisse allemande.

Le voisinage des fabricants de Crefeld, le langage qui est identiquement le même, l'émigration des ouvriers tisseurs allemands dans toute cette partie de la Suisse, et celle des ouvriers tisseurs suisses en Allemagne, tout tend à établir une similitude entre les produits des fabriques suisses et allemandes.

Aussi, nous arrêterons-nous quelque peu à l'examen des produits des différentes maisons exposantes, c'est un des meilleurs moyens à employer pour voir sur quels tissus et dans quelle mesure peut se produire cette concurrence étrangère qu'exploitent si habilement les fabricants lyonnais.

Une des vitrines les plus belles et des mieux garnies de cette galerie est celle de la maison SCHWARZEMBACH LANDIS, qui en occupe presque la moitié.

C'est un amoncellement d'étoffes diverses, tous les articles y sont presque représentés, unis, armures, quadrillés, foulards, façonnés, velours, peluches, etc. ; les uns ont été tissés mécaniquement, les autres sur des métiers à bras.

Signalons tout d'abord une étoffe brochée d'un assez grand nombre de nuances ; le dessin en est assez joli et les coloris sont bien disposés, l'ensemble fait un assez bon effet. Elle a dû être tissée à la main.

Les étoffes façonnées sont à un, deux et même trois lats, mais il s'en faut de beaucoup qu'elles aient l'éclat ou la perfection des soieries lyonnaises. Il en est de même des soieries unies, rayées ou quadrillées pour la plupart ; quant aux velours ou aux peluches, ce sont des articles légers produits à plusieurs pièces à la fois et sur lesquels il est inutile d'insister.

La maison STEHLI HIRT expose des soieries, velours, peluches et des étoffes unies pures, qu'elle annonce comme n'étant nullement chargées ; ces articles étant produits mécaniquement, les soies qui rentrent dans leur fabrication ne peuvent certainement pas être autant soumises à la charge que celles servant au tissage à la main, mais de là à être exemptes de toute charge, il y a une différence.

Il y a aussi dans cette vitrine quelques petits façonnés noir ou couleur.

Il serait inutile d'analyser chaque étoffe, les soieries exposées par les maisons suisses sont toutes identiques ; aussi, ne citerons-nous plus que les noms de quelques fabricants, nous réservant à la fin de la notice consacrée à ce pays, de dire en général les observations nécessaires.

MAYER et Cⁱᵉ. — Cette maison a exposé des foulards unis et façonnés en grande quantité, elle a aussi dans sa vitrine des étoffes unies ou façonnées.

Citons encore les maisons BRUNNER pour ses foulards façonnés ; BAUMANN, pour ses soieries façonnées, nouveautés et gazes ; HONNEGER frères, étoffes pour confection ; RYFFELD et Cⁱᵉ, pour ses étoffes unies et façonnées ; LEUTHOLD et Fils, pour ses châles, écharpes, fichus et petites nouveautés ; le TISSAGE MÉCANIQUE DE RUTI, pour ses tissus imprimés ; celui de HORGEN (maison BAUMANN, STRUILI, Germain THOMANN), pour ses articles façonnés et nouveautés.

Les étoffes exposées par les maisons que nous venons de signaler sont surtout des étoffes légères, peu réduites, faites pour la vente à bon marché.

La production est énorme dans les fabriques de la Suisse, qui est peut-être aujourd'hui le pays où le tissage mécanique est le plus développé.

Ces soieries sont loin d'avoir la finesse, l'élégance et le bon goût des tissus lyonnais ; les dessins en sont peu recherchés, ce sont surtout des copies de nos petits articles, et la fabrication, malgré les immenses progrès faits par la mécanique dans le tissage de la soie, est loin d'en être aussi soignée que les produits exposés par les maisons de Lyon.

Une seule remarque est à faire, c'est pour la teinture ; mais cela n'a rien qui doive nous étonner, étant donné que les teintureries lyonnaises teignent aussi bien pour l'étranger que pour la France.

Ce que les maisons suisses, et l'on peut ajouter allemandes, ont surtout cherché, ce n'est pas de rivaliser avec les étoffes de Lyon, elles savaient très bien que ce n'était pas au bout de quelques années de pratique qu'elles y arriveraient, mais bien de produire des tissus qui, ayant un faux cachet de bon goût, pourrait se vendre excessivement bon marché et par cela même être accessibles à un plus grand nombre de consommateurs, que la cherté des étoffes riches avait peu à peu éloignés du marché commercial.

A ce point de vue-là, ils ont certainement réussi : leurs étoffes se vendent à Lyon et partout, souvent comme de la marchandise lyonnaise, à un prix très inférieur à celui de nos soieries.

Dans les conclusions générales que nous formulerons à la fin de ce rapport, nous examinerons plus longuement cette question qui a été, comme chacun le sait, une des causes du périclitement de notre industrie ; pour le moment, constatons jusqu'à présent, quoi qu'on puisse en dire, nous sommes restés sans rivaux, surtout sur les articles un peu riches dont nous n'avons presque pas trouvé trace dans les vitrines des maisons étrangères citées.

RUSSIE

Voilà certes le concurrent le plus sérieux rencontré pendant nos visites à l'Exposition ; nous en avons été très surpris, malgré que nous sachions les immenses progrès accomplis par cette nation dans l'industrie de la soie.

Si nous ne nous étions souvenus du grand nombre d'ouvriers tisseurs lyonnais encore actuellement en Russie, initiant les ouvriers de ce pays aux mille difficultés que nous avons successivement surmontées, notre étonnement aurait été plus grand encore, et nous croyons pouvoir affirmer que pas un connaisseur sérieux et expert en matière de soieries n'a été exempt des impressions ressenties par nous en visitant minutieusement les différentes étoffes exposées par les fabricants russes.

Dix maisons seulement ont exposé, mais elles n'ont toutes dans leurs vitrines que des articles exceptionnels et irréprochables.

En première ligne, on peut citer la maison Moussy et Goujon.

Très remarquée est cette vitrine où, au milieu des velours et des étoffes unies ou façonnées, se développe un drapeau aux couleurs françaises, en velours uni, d'une largeur de 3 mètres.

Ce drapeau est remarquable autant par son travail que par la délicatesse des nuances; signalons encore dans les étoffes exposées par cette maison des velours unis ou pékins d'un très bon effet; les étoffes façonnées complétant cette vitrine sont, de même que les velours, très bien faites; elles font un très joli effet et les coloris sont tous bien réussis.

Giraud et Cie. — Cette maison expose les mêmes articles que la précédente : ce sont des velours unis ou façonnés et des soieries unies et façonnées, en noir ou en couleur; il n'y a dans cette vitrine que de belles étoffes ne laissant rien à désirer.

Ces deux maisons sont d'origine lyonnaise.

Sapojnikoff. — Un autre genre de tissus est exposé par cette maison, il n'y a dans sa vitrine que des étoffes pour ameublements : des brocarts, des brocatelles, le tout très bien réussi; les dessins sont pour la plupart fort beaux et les matières d'or ou d'argent employées dans les étoffes envoyées sont toutes des plus fines; les velours pour ameublements ne sont pas aussi parfaits que les différents tissus cités précédemment.

Signalons encore pour les articles d'ameublements, d'ornements d'église, les velours ou les étoffes unies ou autres, les maisons Zaglodin, qui expose des brocarts très bien réussis; Solovieff, a envoyé des brocarts, des satins, mouchoirs de soie et quelques articles légers pour l'Orient; Kondracheff, n'a dans sa vitrine que des étoffes légères, tels que fichus de soie, tous bien réussis; Goldabeiterf, expose des peluches soie très bien travaillées. Simonod, maison d'origine lyonnaise, et Arsentieff, ces deux dernières maisons exposent des étoffes unies ou façonnées qui toutes ne laissent rien à désirer.

En résumé, les tissus exposés par les fabricants russes sont tous très jolis de dessins ou de nuances; leurs velours unis sont particulièrement bien réussis et leurs velours feutrés ou à duvet sont au-dessus de toute

critique; nous n'avons pas rencontré des étoffes pareilles à ces dernières, soit dans la galerie lyonnaise, soit dans les vitrines des maisons
étrangères.

Leurs velours pour ameublements n'ont pas le même cachet et ils
ne peuvent rivaliser de finesse et de bon goût avec ceux exposés par
les maisons de Lyon.

Nous l'avons dit plus haut, ce pays est à l'heure actuelle le concurrent le plus sérieux que nous reconnaissions pour les étoffes riches,
quoique leurs tissus façonnés n'aient pas l'ampleur, ni la diversité des
nuances rencontrés dans les soieries lyonnaises.

Ce pays, qui ne s'occupe que depuis peu d'années du tissage de la
soie, a su conquérir de haute main une supériorité marquée sur les
nations, excepté bien entendu la France, travaillant les produits
séricicoles.

Nous espérons cependant que Lyon continuera pendant longtemps
encore à être la première dans cette industrie et elle saura surmonter
toutes les difficultés qui pourraient l'empêcher d'occuper cette place con-
servée par elle depuis tant d'années.

Les fabricants lyonnais viennent de prouver qu'ils partagent cette
manière de voir; les ouvriers ayant participé à la création de ces
belles étoffes, tant admirées des visiteurs cosmopolites de l'Exposition, ont montré qu'eux aussi avaient à cœur de conserver le bon
renom de notre industrie; souhaitons qu'il en soit longtemps encore
ainsi.

De notre visite dans les galeries des puissances étrangères ayant
pris part à l'Exposition de 1889, il résulte pour nous cette idée que
jusqu'à présent nous sommes restés sans rivaux pour toutes les étoffes
demandant un travail délicat et une grande pratique; l'honneur en
revient surtout non pas seulement aux fabricants cités précédemment,
mais encore à leurs collaborateurs qui, à différents degrés, ont été les
producteurs de ces splendides tissus dont l'Exposition vient encore une
fois de proclamer toute la supériorité.

Que nos voisins, jaloux de notre renommée, cherchent par des moyens
que nous apprécierons plus loin comme il le convient, à lutter avec nous
sur des articles de vente courante, nous les laisserons faire, tout en
continuant sans trêve ni relâche la guerre commerciale entreprise, car
nous savons très bien que lorsque des consommateurs sérieux auront en
présence des tissus lyonnais et des étoffes de provenance étrangère,
la préférence reviendra toujours aux premiers.

Ne voulant pas anticiper sur nos conclusions, nous reviendrons à
notre étude professionnelle et quittant pour un instant le Champ de

Mars et les somptueuses galeries que nous venons de parcourir, nous nous faisons transporter à l'esplanade des Invalides par le coquet chemin de fer Decauville.

Notre mission aurait été incomplète si nous n'avions jeté un rapide coup d'œil sur les produits des

COLONIES FRANÇAISES

et en même temps sur le mode de tissage de la soie employé par les indigènes.

Il y a là un spectacle des plus curieux et des plus instructifs et tous ceux qui l'ont vu ne l'oublieront jamais.

Nous allons examiner d'abord les étoffes exposées, ensuite nous dirons quelques mots du tissage primitif employé par les Annamites et les Sénégalais.

L'ALGÉRIE a envoyé quelques soieries pour la plupart très légères; les tons en sont criards et elles sont en outre surchargées de broderies or, argent ou laine.

Ces étoffes sont ou des châles à bandes ou à carreaux, imitant d'une façon plus ou moins excellente la mosaïque, ou des ceintures, des écharpes, ou des velours rouge tout soie ou mélangés de coton; ces velours sont surtout pour le harnachement ou comme garnitures de tentures.

Pour cette colonie, comme pour la Roumanie, nous mentionnons les étoffes exposées, tout en répétant les observations faites pour ce pays, c'est-à-dire que ces soieries au lieu d'être fabriquées dans ces nations sont presque toutes d'importation européenne.

La COCHINCHINE a envoyé surtout des échantillons de soie grège, peu d'étoffes; ces dernières sont assez bien réussies eu égard aux moyens de tissage.

L'INDE FRANÇAISE a exposé des étoffes unies et brochées, des pagnes, espèce de manteau léger, en soie pure; ces soieries, qui se rapprochent beaucoup de celles de la Cochinchine, sont mieux faites.

De la NOUVELLE-CALÉDONIE, une seule maison exposante; ce sont des étoffes grossières n'ayant même pas la facture de celles exposées par nos colonies d'Extrême-Orient.

ANNAM-TONKIN. — Beaucoup d'échantillons de soie grège; quelques tissus de soie brodés à la main sont assez bien réussis; des étoffes unies absolument conformes à celles de l'Inde française.

Le CAMBODGE a exposé des soies grèges et des étoffes du même genre que celles citées plus haut.

Toutes ces colonies, à l'exception de la Nouvelle-Calédonie, sont surtout productrices de la soie, et elles sont encore bien inexpérimentées dans ce qui touche au tissage.

Pendant longtemps encore les maisons européennes y exporteront leurs articles légers produits mécaniquement; aussi devons-nous employer tous nos efforts à faire pénétrer les produits français, de préférence aux tissus étrangers, surtout dans ces contrées qui font aujourd'hui partie intégrante de notre territoire.

La TUNISIE, comme l'Algérie, n'expose que des tissus d'importation sur lesquelles on a brodé des dessins.

Ce sont des étoffes légères qui doivent en partie être toutes de provenance italienne, la fabrication semble la même et l'on rencontre ces mêmes produits, débarrassés de leurs broderies, dans presque toutes les vitrines des fabricants italiens.

Il ne nous reste plus qu'à examiner les moyens de tissage employés soit au Sénégal, soit dans les colonies françaises de l'Indo-Chine.

Le tisseur sénégalais est certainement le plus curieux des deux, l'industrie de la soie y étant encore à l'état d'enfance.

Le métier du tisseur se compose de deux bambous espacés suffisamment à leur base où un autre bambou est fixé à 15 centimètres de hauteur, figurant tant bien que mal le rouleau dont nous nous servons pour enrouler l'étoffe à mesure qu'elle est tissée; ces bambous se rejoignent au sommet.

La place nécessaire au fonctionnement des marches qui doivent attirer à elles les lisses est prise dans le sol creusé à cet effet; l'ouvrier tisseur se tient assis sur la terre et de ses jambes étendues fait fonctionner les bambous qui servent de marches; les lisses, si l'on peut appeler ainsi un fil grossier assoupli d'une façon suffisante pour permettre aux fils de chaîne d'y être passés, n'ont aucune ressemblance avec celles dont se servent les tisseurs lyonnais.

Le peigne sert de battant et la chaîne, au lieu d'être pliée sur un deuxième rouleau, est simplement tenue tirante à l'aide d'un morceau de bois préalablement fixé dans le sol autour duquel on l'enroule : c'est là un système économique qui supprime et rouleau et bascule.

Lorsque le tisseur a fait 10 ou 20 centimètres d'une étoffe grossière, il lache de un ou deux tours la chaîne, et faisant tourner le bambou de devant, il obtient ainsi une tension qui est loin d'être toujours égale.

Disons cependant que nous connaissons peu de tisseurs, lançant leur navette à la main, aussi habiles que ces tisseurs primitifs;

mais, malgré cela, on conviendra que le métier moderne est de beaucoup préférable.

Le tisseur annamite n'est pas aussi arriéré que le tisseur sénégalais; le métier qu'il emploie est un diminutif, bien grossier il est vrai, de nos anciens métiers à la tire.

Il y a certainement un sérieux progrès sur le mode de fabrication, mais que nous sommes encore éloignés du métier moderne.

Considérons maintenant les nouvelles modifications apportées au tissage de la soie, les sérieuses améliorations et les nombreux perfectionnements survenus dans le tissage mécanique et que l'on se reporte ensuite aux métiers dont nous venons d'essayer de faire la description : comme il y a eu du chemin parcouru depuis ce tissage primitif au tissage moderne ? Et cette interrogation où s'arrêtera-t-on dans cette voie du machinisme à outrance ? ne se pose-t-elle pas naturellement.

Nul ne sait, nul ne peut dire ce que l'avenir nous réserve, et nous qui ne sommes pas nés devins ou prophètes, nous n'essayerons pas de soulever le plus petit coin du voile qui nous cache le au delà que nous cherchons à deviner.

En terminant cette étude sur les produits coloniaux, nous constaterons que ce ne sont pas de ces pays d'où surgiront pour nous des concurrents bien sérieux, et en finissant la première partie technique de notre rapport, nous signalerons les magnifiques costumes admirés par les visiteuses et visiteurs dans les vitrines établies par les grands magasins de Paris, dans les galeries du Champ de Mars; presque toutes les étoffes qui ont servi à la confection de ces costumes sont d'origine lyonnaise, cela ne démontre-t-il pas une fois de plus la supériorité que nous avons acquise dans l'industrie de la soie.

DEUXIÈME PARTIE

Métiers mécaniques.

Nous venons d'énumérer d'une façon impartiale les différents tissus exposés par les fabricants des nations qui ont pris part à l'Exposition universelle de 1889; il nous reste maintenant, avant de dire nos impressions, ce que nous avons pu ressentir à la vue des splendides produits de l'industrie de la soie, à examiner les multiples facteurs de cette production.

Quittant l'esplanade des Invalides, le curieux palais des Colonies, nous reviendrons au Champ de Mars et traversant rapidement la galerie d'honneur nous pénètrerons dans la galerie des machines.

Un cri d'admiration échappe au visiteur lorsque d'un coup d'œil il mesure la hauteur de cette coupole soutenue par aucune colonne et qui, sur une largeur de 115 mètres, s'étend sur une longueur de plusieurs centaines.

Dans cette galerie, œuvre d'art architectural autant que de hardiesse, sont placés par groupes séparés tout ce que le génie humain a depuis un demi-siècle pu créer pour l'aider dans son travail et souvent, sans qu'il s'en doute, pour le remplacer; toutes les machines, aujourd'hui d'un usage courant dans toutes les branches de nos diverses industries, y sont représentées.

Tout cela marche et fonctionne au milieu d'un bruit assourdissant, sous les yeux admiratifs des nombreux visiteurs, soit par la main d'ouvriers, soit par de nombreuses courroies de transmission actionnées par plusieurs machines à vapeur situées dans les sous-sols de cette galerie, encore unique au monde.

D'autres, plus compétents que nous, décriront ces merveilles, produits de notre siècle de science et de progrès, diront tout ce qu'il a fallu d'intelligences ouvrières pour perfectionner et rendre pour ainsi dire vivantes ces masses de fer inanimées; pour nous plus modestes, nous nous contenterons d'examiner les différents genres de métiers mécaniques actuellement en usage dans les pays où le tissage de la soie occupe un certain nombre d'ouvriers.

A mi-hauteur de la galerie des machines est située une deuxième galerie de 25 mètres de large qui s'étend tout autour de cette immense salle; quelques maisons fabriquant les ustensiles servant au tissage de la soie y ont installé leurs vitrines.

Citons en première ligne un assortiment très complet de navettes en tous genres envoyé par la maison ORELLE Aîné, de Lyon; une assez jolie collection des mêmes ustensiles est exposée par la maison FERLAT, de Lyon; nous remarquons dans cette vitrine un superbe brocheur, d'un travail très délicat, envoyé par la maison RICHE Frères, de Lyon.

Différents modèles, nouveaux pour la plupart, de maillons ou de remisses sont aussi exposés par diverses maisons.

Signalons encore un métier mécanique gouverné par un jeune homme de la Suisse allemande.

C'est un des divers systèmes de métiers en usage dans les fabriques suisses ; il tisse un damas monté en 4 chemins, 2 cordes au collet et à tringles ; ce métier a deux mécaniques Jacquard qui fonctionnent alternativement par un coup de l'une, un coup de l'autre ; pour cela les maillons sont colletés et sur l'une et sur l'autre ; la vitesse maximum obtenue sur ce métier est de 120 coups à la minute.

Il nous a été impossible d'avoir de plus grandes explications sur ce métier, le jeune homme qui le surveille ne parlant que la langue allemande ; aussi avons-nous été obligés de nous contenter de l'explication écrite qui se trouvait placée sur le métier.

C'est le seul métier qui se trouve sur la galerie supérieure ; aussi quittons-nous cette partie de l'exposition des machines ; nous nous trouvons au bas de l'escalier en face d'un nouveau procédé servant à la fabrication d'une soie artificielle.

Qu'on nous permette de donner quelques détails sur ce nouveau produit qui, d'après l'inventeur, est appelé à un grand succès ; le fabricant ayant bien voulu nous donner toutes les explications possibles sur les principales phases de cette fabrication, nous allons les reproduire telles qu'il nous les a fournies.

Les principales matières qui entrent dans ce produit sont la pâte sulfureuse de certains bois tendres, le sapin par exemple et le coton ; avec ces matières l'inventeur forme une cellulose octo-nitrique pure en dissolution à raison de 6,50 °/₀ dans un mélange de 38 d'éther et 42 d'alcool, soit un véritable collodion.

Pour transformer ce produit en soie artificielle, on l'introduit dans un réservoir en cuivre étamé où il est soumis à une pression continue de plusieurs atmosphères ; ce réservoir est muni à sa partie inférieure d'une rampe du même métal où sont implantés des tubes de verre terminés par un prolongement capillaire, un autre tube un peu plus gros entoure la rampe et reçoit une pression d'eau constamment renouvelée. Le collodion, expulsé du premier tube, traverse l'eau du second où il se solidifie, puis conduit sur un rouet qui l'entraîne dans son mouvement de rotation, il se transforme progressivement en une véritable soie artificielle, ayant une résistance légère qui est loin d'être celle prétendue par l'inventeur ; celui-ci en effet dit que sa soie a une résistance moyenne entre la soie grège et la soie cuite.

La soie artificielle ainsi préparée peut recevoir les mêmes préparations que la soie de cocon ; mais il reste une autre difficulté assez sérieuse.

Tout le monde connaît les propriétés explosives du fulmi-coton ; ces propriétés, le nouveau produit les possède au même titre, aussi est-on obligé de lui faire subir encore deux préparations : la première consiste à le dénitrater, c'est-à-dire à enlever les propriétés explosives ; pour cela, on le soumet à un bain d'acide nitrique dilué que l'on emploie d'abord tiède et que l'on refroidit ensuite graduellement.

Les tendances explosives de la soie artificielle sont ainsi détruites ; mais malgré cela elle reste très inflammable, aussi l'inventeur lui fait-il subir une dernière préparation consistant à faire absorber à cette soie du phosphate d'ammoniaque qui doit la rendre plus incombustible que le chanvre ou le coton.

Voici exposée la fabrication de ce nouveau produit qui, ainsi obtenue, a un toucher soyeux assez délicat, mais comme nous l'avons déjà dit, reste d'une élasticité très faible ; c'est cette dernière propriété qui rend cette soie très peu pratique pour le tissage.

Comme nous faisions cette remarque à l'inventeur, celui-ci nous fit examiner des étoffes tissées avec cette matière, mais toutes étaient mélangées de soie naturelle, ce qui en améliorait d'une façon très sensible le tissage.

Insister plus longuement sur ce sujet, serait inutile ; l'évidence prouvera si nous avions raison lorsque nous avons dit que ce n'était pas ce produit qui pourrait remplacer les différentes matières employées jusqu'à ce jour dans l'industrie de la soie.

Dans la galerie des machines, nous trouvons différents métiers à tisser, dont plusieurs à la main ; l'un est exposé par la maison J.-A. HENRY, de Lyon, et est certainement un modèle du genre actuellement en usage dans la fabrique lyonnaise.

Ce métier, en 120 centimètres de large, est d'un seul chemin colleté sur quatre mécaniques Verdol de treize cents crochets chacune ; malgré sa confusion, ce métier marche très bien avec beaucoup de facilité. Lorsque nous l'avons vu, il servait au tissage d'étoffes pour ornements d'église.

Les métiers mécaniques envoyés à l'Exposition sont de différents modèles ; nous les signalerons en décrivant les perfectionnements les différenciant les uns des autres et la vitesse que l'on peut obtenir suivant l'étoffe tissée.

Les métiers exposés par la maison KOECHLIN, servent pour la plupart au tissage des étoffes laine ou coton ; un seul tisse la soie.

Nous remarquons dans ces métiers que les mécaniques sont à double embrochage, de façon à pouvoir marcher en avant et à retour et à chercher le pas par le moteur.

Un autre système est exposé par une maison suisse, qui a envoyé trois métiers, dont deux servent au tissage des étoffes de laine ; le troisième fait du velours ; ce qu'il y a à signaler dans les métiers exposés par cette maison, est le nombre de navettes que l'on peut employer par un ingénieux procédé de boîtes ; ainsi, un des métiers servant au tissage des étoffes laines, n'a pas moins de quinze navettes ; le changement, quoique très compliqué, s'opère cependant avec rapidité.

Le métier russe Lœserson est suffisamment connu pour que nous nous nous y étendions longuement; c'est le métier mécanique organisé de façon à produire l'effet du battant libre par le système de l'excentrique. Sa vitesse, s'élevant dans les articles légers à 120 coups à la minute, n'est plus que de 60 lorsqu'il s'agit de tisser des articles un peu confus et réduits.

Malgré cela, le métier Lœserson est des mieux conditionnés et des plus applicables à notre industrie.

La maison Benheiger a exposé plusieurs métiers servant au tissage de la soie ; la plupart tissent des armures, principalement l'article faille.

Signalons dans les métiers envoyés par cette maison, un à plusieurs navettes d'un système tout nouveau, qui consiste à supprimer le dessin et à le remplacer par un tambour sur lequel l'armure est lue ; l'on peut sur ce tambour lire jusqu'à 2,500 coups.

Les métiers de la maison Honègre sont au nombre de quatre ; l'un est monté en façonné et tisse du damas ; un autre, à quatre navettes, sert au tissage des étoffes quadrillées; un troisième est organisé pour les façonnés grèges et le quatrième tisse les articles unis. Les mécaniques employées pour ces métiers sont toutes à deux cylindres, l'un pour les coups pairs, l'autre pour les coups impairs; elles ont aussi l'avantage de pouvoir faire la hausse et la baisse.

La vitesse maximum de ces métiers est de 120 à 140 coups à la minute.

La maison Diéderich a exposé cinq métiers ; l'un tissant le coton et pourvu de plusieurs navettes ; les autres servant à la fabrication d'articles légers, façonnés ou unis.

Le système employé par cette maison pour ses métiers est très simple, ils sont assez avantageux pour le tissage, eu égard à la vitesse obtenue, qui est de 160 coups à la minute.

Les ateliers de la Buire ont, dans la section spéciale qu'ils ont organisée à l'Exposition, exposé dix métiers fonctionnant tous très bien et pouvant tisser presque tous les genres d'articles, principalement les étoffes légères.

Signalons parmi ces métiers, la vitesse obtenue sur quelques-uns : un métier faisant un surah de 62 centimètres de large, vitesse 300 coups à la minute ; production dans une journée de dix heures, 30 mètres ; un autre métier tissant une faille de même largeur, vitesse 80 coups à la minute, production journalière de 8 mètres ; la différence entre la vitesse obtenue vient de ce que l'étoffe faille a 140 portées de soie, tandis que le surah n'en a que 40.

Un velours pékin, à deux pièces, est tissé sur un autre métier, où la vitesse obtenue est de 120 coups à la minute et la production journalière de 4 mètres ; signalons encore un métier tissant une peluche, 3 pièces doubles, d'une largeur de 140 centimètres ; la vitesse n'est pas précise.

Tous les chiffres que nous venons de donner, vitesse ou production, ne sont pas des remarques personnelles ; ils nous ont été fournis par les employés attachés à la surveillance des métiers signalés ; nous le faisons constater à seule fin qu'aucune erreur ne puisse être créée et pour que l'on ne se serve pas des chiffres donnés comme documents irréfutables.

Dans les conclusions que nous allons formuler, nous dirons notre appréciation sur les avantages et les défectuosités du tissage mécanique ; nous rechercherons l'influence qu'il pourra avoir sur notre industrie.

Pour le moment, nous terminerons ici notre rapport technique et professionnel, en remerciant les nombreux exposants qui ont bien voulu nous fournir les renseignements nécessaires pour faire de ce compte rendu une étude aussi détaillée que possible des étoffes de soie et des métiers employés à leur fabrication.

TROISIÈME PARTIE

CONCLUSIONS

Le mandat que vous nous avez confié, se divisait en deux parties, qui tout en étant distinctes sont absolument le corollaire indispensable l'une de l'autre : 1° partie professionnelle, étude et comparaison des tissus exposés, métiers à la main et métiers mécaniques ; 2° partie économique.

Nous nous sommes déjà longuement étendus dans les première et deuxième parties de ce rapport sur la question professionnelle, prenant même soin d'écarter tout ce qui aurait pu nous entraîner hors de ce cadre ; aussi, ne la traiterons-nous ici que d'une façon secondaire, nous attachant surtout à la partie économique.

Les petits ateliers. — L'Exposition universelle de 1889 a prouvé la supériorité, depuis longtemps reconnue et proclamée, des étoffes lyonnaises sur les étoffes étrangères ; elle a démontré surabondamment que si la Russie, seule puissance où les fabricants ont véritablement rivalisé avec nous de bon goût et d'articles riches, avait su, sur l'article ameublement, se perfectionner davantage dans le tissage de la soie et conquérir même une excellente réputation sur l'article velours fourrure, elle n'était nullement en état de lutter avec Lyon sur la plupart des tissus qui demandent de la part de l'ouvrier une grande expérience du tissage et qui nécessitent une transformation rapide de l'outillage, accessoire obligé du métier à main.

Aucune des autres nations exposantes n'a envoye des articles au-dessus de l'ordinaire ; ce sont d'ailleurs toutes des étoffes produites mécaniquement, sauf quelques rares exceptions, et chacun sait que malgré les multiples perfectionnements apportés dans cette partie de l'industrie de la soie, les métiers actionnés mécaniquement sont loin de produire des étoffes de haute valeur, nécessitant beaucoup de soins et réclamant de l'ouvrier des aptitudes spéciales qu'il n'acquiert qu'avec une longue pratique.

D'où provient cette différence qui existe entre la main-d'œuvre étrangère et la main-d'œuvre lyonnaise ? Comment se fait-il que l'ouvrier tisseur étranger ne peut produire des étoffes de même valeur que l'ouvrier tisseur lyonnais ? A quoi attribuer cette différence qui existe entre des produits similaires ? C'est ce qu'il importe de rechercher.

Le tissage étranger est presque tout concentré dans de grandes usines où les métiers, qu'ils soient mus mécaniquement ou qu'ils travaillent à bras, sont sous la surveillance de plusieurs employés qui ont certainement les capacités nécessaires pour les diriger ; dans ces ateliers, l'ouvrier est obligé, de par la modicité de son salaire et les nécessités de la lutte économique, de n'avoir qu'un objectif : produire beaucoup, sans s'arrêter à rechercher ce fini et cette délicatesse qu'apportent dans le tissage les ouvriers lyonnais.

Dans ces conditions, l'ouvrier tisseur n'a nullement besoin d'une longue pratique dans l'exercice de son industrie : il lui suffit de connaître quelque peu l'entretien et les soins qu'il y a à apporter à la soie, à seule fin que l'étoffe se fasse convenablement ; il ne cherche pas, comme le tisseur lyonnais, se remettant de ce soin sur un contre-maître qui, le plus souvent, s'en moque un peu, soit qu'il soit pris ailleurs à organiser d'autres métiers, soit qu'il donne des conseils à d'autres ouvriers, à modifier suivant les besoins ou les circonstances tel ou tel accessoire nécessaire à son travail ; il ne perfectionne pas, comme le font tous les jours les ouvriers de Lyon, une partie de son métier ; il n'apporte pas dans le tissage ce désir d'étude et de savoir que l'on rencontre à chaque instant parmi les tisseurs lyonnais ; il n'a pas, il ne peut avoir ce génie inventif qui, à travers les âges, a permis à l'ouvrier lyonnais de transformer successivement ce métier qui, d'abord tout primitif, ensuite à la tire, est devenu aujourd'hui un véritable être auquel il donne la vie ; il ne voit, il ne peut voir qu'une chose, c'est que sans s'inquiéter si le tissu est parfait en tout point, il doit produire beaucoup, d'une façon anormale, de manière à écraser son concurrent sous une quantité énorme de marchandises, se vendant souvent à vil prix, et, aussi pour s'assurer un salaire qui, souvent bien maigre, n'est nullement en rapport à ses besoins journaliers et à la force-travail qu'il développe.

Dans le tissage lyonnais, la situation, quoique pareille à divers points de vue, notamment en ce qui concerne les salaires, est, au contraire, toute opposée dans le mode de tissage.

Ce qui a été une des causes de la splendeur de notre industrie est certainement cette décentralisation industrielle qui, à travers les siècles, s'est continuée en permettant à chaque ouvrier, obligé qu'il est par les besoins de son travail, d'apporter son genre d'organisation dans la fabrication de ces tissus qui, rivalisant de beauté, proclament hautement tout ce qu'il a fallu de pratique, d'intelligence et de génie pour arriver à ce degré de perfection dans le tissage des étoffes de soie.

L'Exposition a mis côte à côte les produits similaires du tissage mécanique ou à main dans les usines et ceux du tissage à main dans les petits ateliers, et, à moins d'être de parti pris, on est obligé de reconnaître que l'avantage appartient tout entier au dernier mode indiqué.

Aujourd'hui, les fabricants lyonnais, sacrifiant, on peut le dire, la bonne renommée de notre industrie nationale au mercantilisme, semblent de plus en plus vouloir supprimer les petits ateliers et leur substituer le tissage en usines ; certes, sous certains rapports, ils peuvent trouver ce système de fabrication plus avantageux, mais ne sera-t-il pas nuisible à d'autres et surtout à notre industrie toute entière ?

Les ouvriers, dont l'usine rognera encore une portion de ce salaire déjà si minime, où leurs intelligences s'atrophieront au contact de ce mécanisme brutal qui, sans se douter des nombreuses victimes qu'il fait journellement, continue, sans trêve ni relâche, son œuvre productrice, où on leur enlèvera une partie de cette liberté dont ils aiment jouir, ont toujours repoussé et continuent à rejeter cette idée, non pas seulement au nom de leurs intérêts qui y sont cependant intimement liés, mais surtout au nom du bon goût, au nom du bon renom de notr industrie si lyonnaise.

Ils ont fait tous leurs efforts pour arriver à faire partager cette opinion si patriotique à ceux à qui profite le désintéressement apporté, sans souci des peines ni des privations, par leurs devanciers, pour faire de l'industrie de la soie un des plus beaux fleurons de notre cité ; aux ouvriers à continuer cette tâche et que les négociants lyonnais sachent bien qu'il serait préférable pour eux de diminuer quelque peu leurs bénéfices au lieu de persévérer dans la voie où ils se sont engagés; aussi c'est pourquoi, d'accord en cela avec tous nos collègues délégués aux précédentes expositions, nous nous prononcerons complètement contre le tissage centralisé entre les mains de quelques-uns qui, tout intelligents qu'ils soient, ne pourront et ne sauront le conserver longtemps au degré où les efforts de plusieurs générations d'ouvriers laborieux l'ont élevé et pourquoi nous dirons, nous qui savons et voyons : à dater du jour où disparaîtront, emportés dans la tourmente industrielle, les petits ateliers, l'heure de la décadence de l'industrie lyonnaise aura sonnée.

A ce moment, Lyon cessera d'être la ville qui, à travers les siècles, grâce à une collaboration suivie d'ouvriers, nous pourrions dire artistes, a su conquérir et garder une renommée dont nous devons être fiers : elle deviendra l'égale, mais non la supérieure de ses concurrentes suisses, allemandes ou russes.

Il importe donc, à ceux qui ont charge de conserver ce renom transmis intact par leurs prédécesseurs, de bien se pénétrer de cette idée, que la substitution d'immenses usines, véritables bagnes industriels, aux petits ateliers, où les facultés créatrices et productrices de l'ouvrier pouvaient se révéler et se donner libre carrière, sera leur ruine en même temps que celle de toute une population qui demande à un travail délicat le salaire nécessaire pouvant lui assurer la vie.

Nous espérons que les fabricants lyonnais sauront le comprendre et surtout le vouloir et que, mettant au-dessus des petites mesquineries commerciales le désir de voir prospérer le tissage lyonnais, jadis si florissant, ils marcheront d'accord avec les ouvriers tisseurs et leur donneront, au lieu d'un métier mécanique, un salaire plus rémunérateur.

Les petits ateliers sont, à notre avis, la cause principale de notre supériorité sur les tisseurs étrangers ; gardons-nous donc bien de les détruire et, au contraire, travaillons, sinon à les étendre, du moins à les perfectionner encore devantage, à seule fin qu'ils se plient mieux aux exigences de la concurrence.

Avant d'aller plus loin, nous tenons à constater que les ouvriers qui, dans les multiples étoffes faites pour l'Exposition universelle de 1889, n'ont cessé d'être pour les fabricants des collaborateurs actifs, mettant à leur service une pratique acquise par une longue expérience du tissage, ont été, non pas complètement, malgré que les récompenses décernées l'aient presque toutes été à des employés, fidèles serviteurs de ceux qui les payent, mais en grande partie oubliés.

Deux poids, deux mesures, toujours et partout, voilà ce que notre impartialité nous faisait un devoir de faire constater, et certes, si jamais constatation était utile, c'était certainement celle-ci, car personne ne niera les immenses sacrifices accomplis par la masse obscure des travailleurs pour que l'Exposition ait une réussite complète et proclamât à la face des monarchies, jalouses de notre République si bonne, la grandeur de notre pays.

Si ce sujet n'était pas aussi pénible, nous aurions montré combien est encore grande la séparation existante entre la classe possédante et les travailleurs que l'on exploite sans pitié, nous ne le ferons pas, car nous estimons qu'il y a déjà trop de motifs de lutte entre ces deux classes pour qu'il soit nécessaire de les amplifier.

Métiers mécaniques. — Ce qui, à juste titre, préoccupe le plus vivement l'immense majorité des ouvriers tisseurs lyonnais est certainement l'introduction de la mécanique dans l'industrie de la soie.

Toutes les comparaisons à faire entre les divers genres d'étoffes ayant été faites, nous ne nous occuperons plus de cette question, car elle n'est certes pas aussi intéressante que celle que nous voulons traiter dans la suite.

Dans notre siècle de machinisme à outrance, l'industrie de la soie ne devait pas échapper aux investigations des chercheurs, qui devaient trouver là un beau champ d'exploitation.

Il y a à peine trente ans que l'on parla de substituer au métier à bras un métier mû mécaniquement, et cependant il y a déjà une dizaine de systèmes de métiers mécaniques, les uns marchant à l'aide du moteur à gaz, les autres se servant de la force motrice, un dernier enfin remplaçant le tout par l'air comprimé distribué à domicile et trouvant par ce système le moyen de maintenir les petits ateliers.

Dans la deuxième partie de ce rapport, nous avons signalé quelques-uns des métiers actuellement en usage; ici, nous n'entreprendrons pas de rechercher lesquels de ces métiers ou des divers modes de fonctionnement qui peuvent leur être applicables sont les plus avantageux au point de vue de la production et au point de vue du prix d'achat.

Ce sont là des questions que nous considérons comme étant d'un ordre secondaire, car pour nous la question principale est de savoir si le métier mécanique est préférable au métier à main, et si les avantages que les ouvriers pourront en retirer peuvent contrebalancer ceux obtenus jusqu'à présent du métier à main.

Nous nous sommes depuis longtemps déclarés adversaires du machinisme autant que, par le fait de la centralisation des capitaux, il restera monopolisé entre les mains de quelques industriels ; c'est pourquoi nous ne sommes partisans d'aucun des systèmes proposés, lesquels, sans une réorganisation complète de la réglementation du travail, ne seront jamais qu'une cause de plus à ajouter à celles déjà si nombreuses qui ont créé dans la masse ouvrière cette misère intense, laquelle augmentant chaque jour, rend plus difficiles les rapports entre patrons et ouvriers, et élargit d'heure en heure le fossé déjà si profond entre les détenteurs du capital et les spoliés du travail.

Nous ne croyons nullement à l'efficacité de la transformation de l'outillage manuel en outillage mécanique sur la crise économique ; c'est le plus mauvais remède que l'on puisse appliquer au mal dont les travailleurs ressentent si cruellement les effets, parce que cela n'empêchera pas la concurrence étrangère de se produire, bien au contraire, elle en créera une nouvelle entre les tisseurs de la ville et ceux de la campagne ; cela non plus ne diminuera pas la production, qui justement n'est plus en rapport avec les besoins de la consommation ; comme par le passé, par le fait de cette guerre économique, qui va bientôt être parvenue à son dernier degré, les magasins, les docks s'empliront de marchandises invendues, qu'un beau jour l'on jettera sur le marché commercial, et alors, conséquences forcées, inévitables, les chômages succèderont aux chômages, les crises suivront les crises, et au lieu d'être comme actuellemen d'une durée de deux, trois et quatre mois, elles dureront huit, dix mois, un an, et peut-être deux ans, jusqu'à ce qu'enfin l'équilibre rompu entre la production et la consommation se trouve rétabli.

C'est là un fait indéniable, et personne n'ignore aujourd'hui que la crise économique ne progresse qu'en rapport de la surproduction, suite naturelle de la transformation de l'outillage, qui mécaniquement produit souvent plus dans un seul jour que les bras de quatre, cinq, six ou huit ouvriers, suivant l'industrie à laquelle elle a été appliquée.

L'équilibre rompu entre ces deux puissants facteurs : production et consommation se rétablira-t-il sous une impulsion pacifique ou sous des heurts violents, c'est là ce que l'on ne peut prévoir.

Pour nous qui avons vu le mal, après l'avoir étudié, nous pensons qu'il y a remèdes, et nous emploierons tous nos efforts à ce que cette solution se fasse pacifiquement, d'une manière lente mais suivie, et pour cela nous pensons qu'il faut, en introduisant la machine, la réglementer, de façon à ce que ses mauvais effets soient un peu paralysés, ou ne pas la mettre à la place de l'ouvrier, puisque déjà celui-ci produit trop.

Il y a un instant, nous disions que jusqu'à présent nous étions restés adversaires du machinisme ; de là à conclure que nous nous prononçons obstinément contre la transformation progressive de l'outillage mis en mouvement par la main de l'ouvrier en outillage mû mécaniquement, il y a bien loin.

Depuis un demi-siècle, le progrès, marcheur infatigable que rien ne lasse, secondé par l'intelligence et le génie de l'homme dont toutes les facultés créatrices sont portées vers un même but, a tracé une nouvelle voie au commerce et à l'industrie ; de partout, largement développé, tous les jours perfectionné, s'opère lentement, sans déchirements violents, sous la pression des nécessités industrielles et commerciales, la transformation de notre outillage manuel en outillage mécanique.

A l'ouvrier vieux, jeune, épuisé ou vigoureux que l'on chasse de l'usine, de l'atelier où ses bras sont devenus inutiles, on substitue une machine quelconque, qui, de ses puissants bras de fer, jamais lassés, produit beaucoup plus, revient moins cher, car elle ne demande pas, comme le travailleur, lequel souvent est obligé de le faire, autre chose que sa provision de charbon ou de tout autre combustible.

Qu'opposer à cette force brutale mise en œuvre par le capital, qui, à notre violente réaction produite par ces changements douloureux, ne met en ligne que son inertie désespérante ; là, pas de lutte corps à corps, pas de combat où chaque adversaire peut à son aise développer tout ou partie de ses moyens naturels ou user de ruse, rien que la lutte meurtrière du fort contre le faible, du pot de fer contre le pot de terre.

Bien insensés sont ceux qui croient que l'on pourra arrêter cette marche incessante du machinisme vers un but non complètement déterminé, et bien lâches sont ceux qui atteints par ce mal produit des luttes économiques se refusent à apporter leurs efforts à ceux qui, courageux jusqu'au bout, ayant confiance dans un avenir meilleur, font tout ce qu'il leur est possible de faire pour l'obtenir.

La machine, née des nécessités de ces guerres économiques beaucoup plus meurtrières que les guerres militaires, survivra aux chocs, qui par la faute de quelques-uns peuvent se produire ; aussi, toutes nos pensées, toute notre activité doivent-elles se porter sur une idée qui peut se définir en quelques mots : « Faire que la machine, propriété née des créations du plus grand nombre, cesse d'être exclusivement la chose de quelques-uns s'enrichissant au détriment de tous, et que par le fait d'une législation bien ordonnée, largement conçue, elle profite à tous. »

C'est là, on peut le dire, le Credo ouvrier exposé d'une façon très simple et aussi clairement que possible.

Que les économistes, disciples des théories « du laissez faire, laissez passer », repoussant cette idée, laquelle selon eux doit renverser l'ordre établi et porter atteinte à la famille et à la propriété, continuent de crier que ce sont là des idées utopiques, et que le meilleur pour l'ouvrier consiste à tout accepter ce que veut bien faire pour lui le patron; nous l'acceptons, car ceux-là sont dans leur rôle, d'ignorer la misère profonde qui règne en maîtresse au sein des familles ouvrières, mais nous, travailleurs, qui tous les jours sommes victimes de cet ordre social, reconnu mauvais dans tous ses rouages, nous avons été et sommes encore frappés dans ce qui nous est le plus cher, nous que la nécessité force à mendier un salaire suffisant à peine à nos besoins matériels, nous qu'atteint si cruellement l'étrange théorie de la lutte pour la vie, quels que soient les obstacles rencontrés et que l'on brise pour arriver au terme que l'on s'est assigné, nous ne pouvons un seul instant continuer à y prêter la main en restant les bras croisés et en conservant une impassibilité, toujours à notre désavantage.

Et d'ailleurs, est-ce que ce n'est pas la disparition de la famille qui s'accomplit lorsque l'ouvrier est arraché à son travail et qu'on le jette dehors sans aucun moyen d'assurer son existence ? Est-ce que ce n'est pas un aliment au développement des vices de notre société moderne que ces travailleurs, hommes, femmes ou enfants, qui se trouvent par un triste jour sur le pavé de nos grands centres manufacturiers ? Est-ce que tout ne disparaît pas, honnêteté, économie, probité, sens moral, etc., sous la toute puissance de Sa Majesté l'Argent ? Est-ce que l'on ne développe pas dans les facultés de l'ouvrier les mauvaises passions, lorsqu'on le considère comme un paria et qu'on ne lui donne pas les moyens d'élever ses enfants, de pourvoir à l'entretien de sa famille ? et nos économistes modernes, élèves d'Adam Smith, de Gournay et autres Say, s'étonnent des explosions violentes qui se produisent lorsqu'il y a des grèves, lorsque, exaspérés par les souffrances et les privations, les ouvriers cessent tout travail et demandent à ceux qui les exploitent sans vergogne un salaire plus rémunérateur.

Il faut véritablement ignorer la misère qui ronge les travailleurs, laquelle permet au paupérisme de s'étendre et à la prostitution de s'étaler au grand jour, pour oser émettre la prétention que pour arrêter la crise économique, on doit conserver les monopoles, même les étendre, à seule fin, que sur le dos des travailleurs, des individus édifient des fortunes scandaleuses.

N'est-ce pas donner ainsi les moyens aux théories subversives ou anarchiques de trouver des adeptes parmi les membres de la grande famille ouvrière ?

Nous penchons à croire que si, et c'est pourquoi nous ne suivrons pas ces économistes bourgeois, qui entendent et comprennent le progrès à rebours, dans la voie où ils cherchent à entraîner les facteurs de la société.

Le devoir, l'absolue nécessité qu'il y a à pallier les effets du mal, font une obligation aux travailleurs de combattre jusqu'au bout pour leur droit à l'existence, que tous les jours on les empêche d'exercer ; pour notre part nous n'y faillirons pas, et tous nos efforts tendront à obtenir pour l'ouvrier des lois protectrices et un salaire mieux en rapport avec les nécessités de chaque instant.

Si le cadre de ce rapport nous le permettait, nous nous étendrions davantage sur ce sujet, mais nous croyons préférable de borner là cette digression économique pour revenir sur un terrain qui est beaucoup plus intéressant pour les tisseurs.

Il est certain que le mal économique est aussi intense dans les autres industries que la nôtre, à l'étranger qu'en France, mais malgré cela, nous sommes, en vertu d'une loi naturelle, bien plus portés à nous occuper de notre industrie que de celles de nos voisins, quoique toutes soient frappées avec la même force et atteintes aussi profondément ; aussi est-ce pourquoi, nous écartant d'une idée générale, examinerons-nous en quelques lignes l'influence qu'a eu le tissage mécanique sur notre industrie lyonnaise et rechercherons-nous les causes qui ont produit ces crises industrielles successives dont nous ressentons encore actuellement les effets.

Le métier mécanique est arrivé dans le tissage de la soie à produire de 15 à 18 mètres d'une étoffe légère, d'aucuns disent même 30 mètres, et de 8 à 10 mètres sur des étoffes qui sans être de la plus haute nouveauté, n'en sont pas moins assez délicates.

Quel est le tisseur qui sur son métier à bras, travaillant jusqu'à 14 et même 16 heures par jour, arrivera à obtenir une production pareille ?

Aucun, croyons-nous.

Il est donc facile de constater d'ores et déjà et ainsi que nous le disions plus haut, que les crises, qui depuis quelques années se succèdent sans interruption, deviennent même beaucoup plus longues et plus fréquentes ne proviennent que de cette production anormale, laquelle jette sur le marché universel des quantités innombrables d'étoffes, qui souvent restent invendues et que l'on livre ensuite aux consommateurs à des prix extraordinaires de bon marché, produisant alors comme conséquence une dépréciation de la valeur mercantile et de la main-d'œuvre.

Que l'on joigne à cela cette concurrence désastreuse que se livrent non pas seulement avec les fabricants étrangers, mais entre eux, nos négociants lyonnais, et l'on aura deux des causes nettement définies de la crise économique qui sévit sur le tissage de la soie, déjà si cruellement atteint par la loi de l'offre et de la demande appliquée dans toute sa rigueur.

Il reste une troisième cause, nous en avons dit un mot en parlant des soieries suisses : c'est l'importation en France des étoffes étrangères et leur vente comme soieries françaises, particulièrement lyonnaises.

Aujourd'hui, il n'y a pas à le dissimuler, les étoffes étrangères, produites mécaniquement, en quantités énormes, innondent non pas seulement le marché universel, qui peu à peu se ferme à toute exportation, mais surtout le marché français.

Ces soieries qui n'ont ni qualité, ni bon goût, sont vendues à des prix dérisoires par le fait de leur importation directe, ces étoffes n'étant pas soumises à des droits élevés comme le sont les étoffes françaises lorsqu'elles sont exportées dans les pays étrangers comme la Russie, les États-Unis, l'Allemagne, etc ; jusque-là nos concurrents n'auraient qu'un avantage dont les consommateurs feraient bonne justice, mais étant peu scrupuleux, ils vont plus loin et réussissent, aidés qu'ils sont dans leur escroquerie commerciale par des gens qui n'ont ni honnêteté, ni patriotisme, à vendre leurs soieries comme étoffes lyonnaises.

Il est facile de constater quel préjudice est porté à la fabrique lyonnaise toute entière par ce moyen que, paraît-il, n'atteignent pas les lois ; aussi que devons-nous penser de ceux qui ayant charge de faire respecter notre industrie, une des principales branches du commerce français, connaissent le fait et ne font rien pour l'empêcher ? que penser aussi de certains fabricants lyonnais, ne voyant que l'appât du gain, foulent aux pieds tous scrupules et font tisser non pas à Lyon, non pas dans les usines de la région lyonnaise, mais à l'étranger, des étoffes qui, ramenées à Lyon, nous font alors une concurrence mortelle.

C'est là le fait dans toute sa brutalité, et nous ne l'avons signalé que parce que nous le considérons comme un des points sur lesquels nous devons le plus réagir.

Des citoyens qui avaient à cœur la grandeur du tissage lyonnais, aidés par quelques ouvriers courageux que ne rebutaient pas la besogne à entreprendre, l'ont compris ; ils ont, de leur propre initiative, émis une idée qui, si elle a été combattue par quelques-uns des intéressés, on peut dire les principaux, a peu à peu fait son chemin parmi les ouvriers tisseurs : c'est la marque municipale des tissus lyonnais dont nous voulons parler.

N'était-ce pas là un des moyens les plus propres à enrayer les effets désastreux de cette importation étrangère ? Les uns croient que non, un grand nombre pensent que si et c'est notre avis ; car aucunes raisons sérieuses n'ont été formulées, aucunes critiques n'ont été apportées qui puissent démontrer les défectuosités de cette institution si injustement attaquée.

Il serait puéril d'insister plus longuement ; nous espérons qu'il aura suffi d'appeler l'attention des fabricants et des ouvriers tisseurs lyonnais sur cette question, pour qu'elle soit de nouveau étudiée et qu'elle reçoive une solution conforme aux demandes des intéressés.

Ce qui a manqué jusqu'à présent à la fabrique lyonnaise, c'est une garantie qui offre aux consommateurs toute sécurité et toute confiance ; les acheteurs sont certainement las d'être trompés par ces commerçants dont le patriotisme et la probité sont faits de billets de banque, et ils sont prêts à revenir aux soieries lyonnaises si, par un moyen quelconque, on leur en garantit toute l'authenticité.

Que tous les intéressés cherchent un système pratique qui puisse être en mesure de donner satifaction à tout le monde ; voilà, pour nous, ce qu'il conviendrait de faire, à seule fin de parer aux moyens déshonnêtes employés par certains de nos concurrents.

Il y a un instant, nous faisions cette remarque, que le marché universel se fermait peu à peu à toute exportation ; cela est de l'évidence et ressort pleinement des chiffres de notre commerce extérieur.

Un délégué à l'Exposition d'Anvers en 1885 le constatait déjà, et il signalait, comme une des causes de la baisse du chiffre de nos exportations en soieries, les droits protecteurs qu'avaient établis et établissaient les nations où le tissage s'était peu à peu organisé.

La France, pour protéger l'industrie de la soie, peut-elle en faire autant ? Nous ne le pensons pas et voici pourquoi :

La fabrique lyonnaise n'a pris de l'extension qu'en raison de ce que ses produits s'exportaient; aujourd'hui, avec la réputation universelle qu'elles ont acquises, les soieries lyonnaises sont d'une vente courante, malgré les droits de douane qu'elles sont obligées de subir dans toutes les parties du monde, dans toutes les villes où un certain nombre d'habitants suivent les capricieux changements de la mode.

Ne doit-on pas craindre que les nations étrangères, qui envoient en France une partie de leurs produits, ne se servent vis-à-vis de nous des mêmes procédés ?

D'aucuns croient que non, pour notre part nous craignons le contraire, et cela explique que nous admettrions mieux une garantie quelconque protégeant nos soieries par rapport aux consommateurs, que des droits protecteurs, lesquels donneraient peut-être un résultat tout autre que celui attendu.

En résumé, les causes qui, à notre avis, ont produit dans l'industrie lyonnaise la crise et le marasme que les tisseurs sentent si cruellement sont : 1° la surproduction produite par la transformation de l'outillage ; 2° la concurrence désastreuse que se livrent entre eux nos fabricants lyonnais ; 3° la vente comme étoffes lyonnaises de soieries étrangères ; 4° le manque de garantie authentique pour protéger nos soieries contre l'importation étrangère.

Quels remèdes doivent être apportés pour détruire un peu les mauvais effets et les conséquences produites par les causes de la crise économique : c'est ce qu'il importe de rechercher.

Nombre de palliatifs ont été proposés, beaucoup ont été abandonnés avant d'être mis en pratique, quelques-uns subsistent cependant.

Des divers systèmes de réformes actuellement préconisés, un seul mérite une attention spéciale : c'est la coopération industrielle et commerciale.

Presque tous les délégués aux différentes expositions qui ont précédé celle de 1889, étudiant le malaise économique, qui certainement n'avait pas atteint le degré d'acuité où il est parvenu aujourd'hui, se sont prononcés en faveur de la coopérative, estimant que c'était là un des meilleurs moyens qui puissent enrayer et même détruire le mal.

Étant adversaires de la coopérative pour le même motif que nous le sommes de la transformation de l'outillage, c'est-à-dire autant que le capital centralisé entre les mains de quelques-uns pourra être monopolisé, nous nous arrêterons quelques instants à cette idée que nous avons reconnue impraticable.

Pour que les ouvriers organisés coopérativement fussent en état de lutter contre les détenteurs d'une industrie quelconque, il faudrait d'abord qu'ils réunissent les capitaux nécessaires, à seule fin qu'ils puissent, dès le début, de leur exploitation prendre place sur le marché commercial ; c'est là le point capital de l'idée coopérative et c'est toujours ce qui l'a arrêtée.

Comment, en effet, les tisseurs, par exemple, arriveront-ils à avoir à leur disposition les fonds nécessaires, alors que leur salaire réduit au strict minimum suffit à peine à leur assurer leur entretien, et, quand bien même ce salaire suffirait à leurs besoins matériels, ce qui n'est pas le cas, pendant combien d'années devront-ils en rogner une partie pour arriver à avoir le capital suffisant?

Que le tisseur qui croit encore à l'efficacité du système coopératif, tenant compte du régime économique que nous subissons, veuille bien jeter un rapide coup d'œil sur les capitaux innombrables mis en œuvre par nos fabricants lyonnais ? Il verra que ce n'est pas par centaines de mille francs qu'il faut les compter, mais bien par dizaines de millions, et alors nous lui demandons comment il sera possible d'entrer en concurrence avec les deux ou trois cent mille francs amassés péniblement au jour le jour et souvent aux dépens du ménage qui en souffre, contre une pareille agglomération de capitaux qui, aujourd'hui divisés en un grand nombre d'individus, seront demain, au premier effet d'une lutte qui leur paraîtrait désavantageuse au point de vue particulier, réunis et coalisés, de façon à écraser plus sûrement l'association coopérative sous les efforts généraux de ceux qu'elle atteint.

C'est là un fait que l'on ne peut nier, et il suffit d'avoir suivi quelque peu les phases de la lutte économique moderne pour reconnaître qu'ils sont même bien au-dessous de la vérité.

Est-ce que les détenteurs actuels du monopole des sucres n'ont pas fait sombrer successivement, avec la toute puissance de leur capital, leurs concurrents qui, moins heureux qu'eux, ne pouvaient mettre en ligne que quelques millions, alors que ceux-ci en mettaient des centaines ? Est-ce que l'accaparement ne se pratique pas au grand jour sans que les lois interviennent pour protéger les petits industriels contre les entreprises des gros barons de la finance ? Et ces faits, qui sont loin d'être uniques, ne se reproduiraient-ils pas dans l'industrie de la soie, si les fabricants lyonnais voyaient leur vente, c'est-à-dire leurs bénéfices, diminuer en raison de ceux que feraient une association ouvrière quelconque ?

Voilà pourquoi, quoique l'on puisse dire, quelles raisons que l'on invoque, le système coopératif ne donnera jamais les résultats attendus, et si l'on veut bien joindre aux observations précédentes un petit point particulier qui, dans le cas actuel, a une assez grande importance, c'est-à-dire la division, qui malgré de nombreux efforts, continue de régner en maîtresse au sein de la masse ouvrière ; il est facile de comprendre que ce palliatif, proposé par certains économistes bourgeois, n'est dans la situation actuelle qu'un leurre, et jamais, quoi qu'ils fassent, les ouvriers n'arriveront au but que l'on fait miroiter à leurs yeux.

L'inanité du système coopératif a été suffisamment démontrée dans ce qui précède, pour que nous ne fassions plus sur ce sujet qu'une simple constatation ; les résultats obtenus par les associations coopératives de consommation sont-ils assez appréciables pour justifier la coopérative au point de vue industriel ? Le peu d'adhérents qu'elles ont rencontré jusqu'à ce jour, malgré la propagande incessante faite en leur faveur, suffit à prouver que les résultats ont été presque nuls.

Le remède à la crise industrielle est ailleurs, et cela a été longuement reconnu par des gens qui certainement avaient plus de capacités que nous pour le faire.

La lutte entre le capital ayant tout à sa disposition, et le travail isolé de toutes façons et abandonné à ses propres forces est forcément inégale et se termine toujours à l'avantage du premier ; aussi, convient-il de rechercher tout d'abord le moyen propre à rendre, sinon égal, ou moins meurtrier, le combat engagé.

Un de nos collègues et amis disait un jour, dans une réunion, ces paroles pleines de sens : « Toutes les propriétés sont protégées, sont sauvegardées par des lois, par des agents, des gendarmes ou des juges; une seule ne l'est pas, la plus importante, la plus essentielle, celle qui fait la fortune des nations en même temps que des individus, c'est le travail. Pourquoi cela ? »

Parce que cette manière de gouverner constitue la base de toute société établie sur l'arbitraire et obéissant au capital.

Autant le travail restera livré à lui-même, sans aucune défense, vis-à-vis du capital qui l'exploite et le tond sans pitié, autant la lutte restera inégale et meurtrière ; aussi, est-ce pourquoi devons-nous fixer un but à nos efforts, qui soit très bien délimité ; ce but est pour nous celui-ci : protection légale du travail, seule propriété de l'ouvrier.

Cette protection ne s'obtiendra que le jour où sérieusement organisé corporativement, groupé chacun dans nos syndicats particuliers, la masse ouvrière saura le réclamer énergiquement des pouvoirs publics qui, jusqu'à présent, n'ont montré de l'intérêt que pour le capital, dont d'ailleurs ils sont les représentants directs.

Obtenir que le travail soit protégé nationalement, obliger l'État à intervenir toutes les fois qu'il y aura, pour une partie de la nation, nécessité primordiale à ce qu'il en soit ainsi; poursuivre ensuite l'établissement d'une législation internationale, réglementant le travail et la production, diminuant la journée de travail en raison de la progression de la transformation de l'outillage ; voilà quel doit être le programme que doivent demander énergiquement, sans défaillances, les travailleurs, en même temps qu'ils s'organiseront d'une façon sérieuse, étudiée sur le terrain purement professionnel, en profitant de la seule loi en leur faveur que leur ont donné les Parlements qui depuis vingt ans se sont succédé au pouvoir, cela sans en poursuivre la réforme qu'aujourd'hui reconnaissent nécessaire tous les Syndicats et tous les travailleurs.

A un point de vue plus particulier, rechercher les moyens de maintenir et l'organisation des petits ateliers et l'industrie du tissage dans notre ville, étudier de quelle façon on pourra donner aux soieries lyonnaises une garantie de leur authenticité à seule fin de faire cesser l'escroquerie commerciale qui chaque jour se commet aux dépens de notre bonne réputation et de notre commerce ; poursuivre la création d'écoles professionnelles, où en dehors de toutes préoccupations mesquines, on enseignera aux jeunes gens qui se destinent au tissage de la soie, tout ce qui peut à un degré quelconque leur être utile dans la pratique de cette industrie.

Voilà, croyons-nous, les remèdes les plus prompts, les plus énergiques et les plus efficaces à opposer aux conséquences funestes de la lutte économique, et qui peuvent le mieux aider à conserver notre bonne renommée.

Si de nos collègues croient que nous sommes là dans une complète erreur, si selon eux la solution du problème social doit être ailleurs, nous espérons qu'ils n'hésiteront pas à le dire, et que tous ensemble nous travaillerons à rechercher l'idée meilleure qui nous conduira le plus sûrement vers cet idéal auquel tendent tous nos efforts : l'émancipation intégrale de tout ce qui peine et souffre et à qui jusqu'à présent l'on a refusé une place au grand banquet de la vie.

C'est sur cette espérance que nous terminons la troisième et dernière partie de ce compte rendu de notre délégation, pensant avoir rempli notre mandat comme il le convenait et être resté en toutes occasions les fidèles interprètes de nos mandants.

Lyon, le 12 mars 1890.

Les Délégués du Syndicat de l'Union des tisseurs et
similaires de Lyon,

RAMBAUD, Anthelme SIMOND fils, rapporteur.